U0016217

急腳大師——著

和古代學霸擊個掌

大叔可以成偶像，小混混可以成良將，
學習就是最好的翻身術

前言　學霸不只是會考試

學霸，指的應該就是那些熱愛學習、善於鑽研、對知識接受能力高、能透過學習發揮自身優勢的人。

生活中，我們經常將「學霸」等同於「考霸」，但本書所提到的這些人，他們不一定考試能考滿分，不一定寒窗十年只爲功名；他們分布在各行各業中，有底層草根、富家公子、將軍大俠、皇子大臣、技工商人……在各自所屬的領域中，他們掌握了比其他人更多的知識與技能，也都能被稱爲「學霸」。

他們的共同點，就是熱愛學習，並終身學習。若我們也能將學習成爲一種習慣，或許就能與他們並肩了吧。

第一章　我命由我不由天，草根們的逆襲之路

第二章

中年大叔也能轉型「偶像」

第三章

老當益壯，不論到幾歲都要發光發亮

第四章

學霸通關三百六十行

第五章

公子們有多努力，你想像不到

第六章

乘風破浪的姊姊們

第七章

要學就學萬人敵

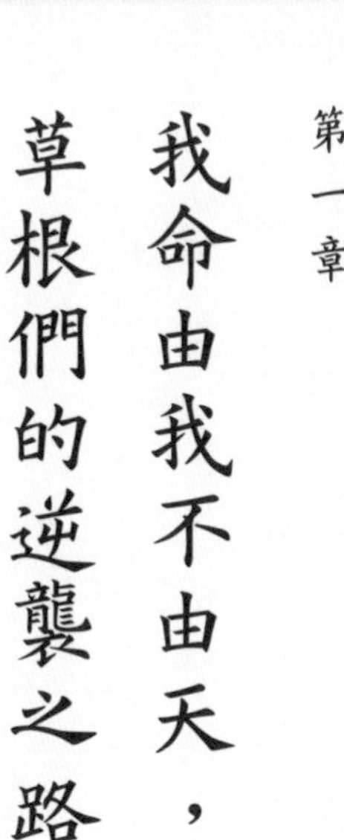

第一章 我命由我不由天，草根們的逆襲之路

01

就算現在吹牛，將來也必成真——蘇秦

戰國時期，有位不得志的年輕人，他早年曾跟隨老師學習，卻一直沒有出人頭地。他回到家之後，苦讀了幾年書，覺得自己可以治國平天下了，便對家人誇下海口：我要靠才華吃飯，要仗劍走天涯。但去哪裡可以實現抱負呢？自然是去目前勢頭最盛的國家——秦國。他對鄉親說：「我此次前去，必定榮華富貴，以後你們就跟著我吃香的、喝辣的吧！」接著話鋒一轉，「現在誰出的盤纏多，以後得到的富貴就多。」大家被他這麼一起鬨，紛紛慷慨解囊，資助他出國遊歷。

帶著全村人的希望，他信心滿滿地上路了。他來到秦國，極力勸說秦王與其他六國先後結盟，再逐一消滅；簡單來講，就是先跟甲方合作幹掉乙方，再跟丙方合作幹掉甲方，直到天下統一。

然而殘酷的現實擊碎了他的夢想：年輕人一連上了十多次奏表，卻始終沒得到秦王重用。秦王是個冷靜的人，當時的秦國經過商鞅變法，雖然實力大增，但還沒到可以憑一己之力掃滅六國的程度。無數歷史證明，鋒芒畢露的結果往往是悲劇一場，因此秦王決定先休養生息。只要秦國能擁有強大的綜合實力，便能成一方霸主，天下自然也可徐徐圖之。

年輕人的盤纏用完了，不得已，離開秦國回鄉。他一路餐風露宿，最後餓得面黃肌瘦，宛如乾屍。大家看他混成這副樣子，知道借出去的盤纏是要不回來了。「騙子！無賴！」一時間，攻擊他的流言在鄉里四起。回家後，妻子埋頭織布，看都不看他一眼；嫂嫂也不做飯給他吃，只把他當成沒用的東西，吃飯也是浪費糧食；甚至連父母都不想跟他說話。

但年輕人沒有就此被擊垮；只能說，他的內心真的很強大，當然也可以說他是臉皮厚。他一邊翻著書箱裡的書，一邊自我剖析：「如今沒人信我，是因爲我誇下海口卻沒有做到；可見我的書讀得還不夠深入，學問還不夠精深。到底是哪裡出了問題呢？是讀書方法不對，還是讀的書不行？」

翻著翻著，他看見書箱底下有一部姜太公著的《陰符》。《陰符》又名《太公陰謀》，跟《兵法》《金匱》合稱《太公》。年輕人一看：好書啊！以前怎麼沒看到呢？於是他每天努力鑽研，不但拚命畫重點，讀到睏倦時，還會用錐子刺一下自己的大腿，「哎喲！」他就用這種方法振作精神，就算血流到腳上也不在意。

努力研讀了一年，年輕人對這個亂世有了更深刻的理解，而他的口才也今非昔比。他到燕國遊說，成功讓燕王感受到秦國的威脅——再不聯合別國抗秦，王位還保得住嗎？於是燕王給了年輕人大量黃金和車馬，讓他趕緊前往其他五國遊說，以組成合縱聯盟——所謂的「合縱」，就是六個國家聯合起來，共同對付強大的秦國。

年輕人成功了，因爲他的「合縱」主張正是六國迫切需要的，各國君主均對他委以重任。從此，他兼佩六國相印，成了六國宰相，風光一時無匹。

年輕人再次回到家鄉時，父母趕到離家三十里遠的地方迎接；妻子不敢正視他，只側著耳朵聽他說話；傲慢的嫂嫂跪在地上不敢站起來，頭垂得很低，手還不住發抖，對他再三叩首請罪：「之前我刁難您是我不對啊，請別和我這樣的人計較。」

年輕人笑了笑，問：「嫂子，妳之前爲什麼那麼傲慢，現在又這樣卑微呢？」嫂嫂是個直率的人，回答得倒也乾脆：「因爲你現在發達了呀！以前的你連乞丐都不如。」年輕人眼睛一閉，長嘆一聲：「唉！一個人如果窮困潦倒，連父母都不把他當成兒子；然而一旦富貴顯赫，親戚朋友都會敬畏！」

看！我沒有吹牛吧！
佩六國相印呢！
齊
魏
趙
楚
燕
韓

這個故事後來衍生出兩個成語：「前倨後恭」和「側目而視」（出自《戰國策‧秦策一》）。「前倨後恭」意指原先傲慢，後來卻變得恭順，前後態度不一，常用來形容一個人很勢利；「側目而視」則指斜著眼睛看人，形容因畏懼不敢正視的樣子，現在也形容一個人敢怒不敢言的模樣。

這位讓嫂子前倨後恭，讓妻子側目而視的年輕人，正是蘇秦。他是戰國時期透過知識改變命運的代表人物之一，是個當之無愧的學霸。

在學習與通往成功的路上，我們常常會遭遇別人的譏諷、嘲笑、挖苦。該怎麼辦才好呢？不如就讓暴風雨來得更猛烈些吧！我命由我不由天！不論如何，拚命向前吧！人不拚命枉少年，中年奮起有力量，老當益壯氣昂揚。廢寢忘食地學習與持之以恆地鑽研，可說是人生逆襲的標準化道路。

02

我用廚藝換博士

——倪寬

西漢武帝時期的某天，天氣陰沉，廷尉府（西漢的司法審判機構，主管詔獄和修訂律令）的官員們摸摸頭上的冷汗，拍拍額頭，一籌莫展，氣氛低迷到了極點。

「已經被退回好幾次了，怎麼辦？要是再被退，大家可就吃不了兜著走了！」其中一個主管模樣的人嘆著氣說。廷尉府有件重要的案子遲遲無法結案，幾次奏報皇帝，結果都被退回來要求重新修改。

詔獄是由皇帝直接掌管的監獄，裡頭關押的罪犯多是位高權重的官員，由皇帝親自下詔定罪；廷尉府不過是個執行機構，擬寫奏章的官員既擔心又害怕，摸著額頭上的冷汗直發抖。

「報告大人，倪寬送資料來了！」有名下屬出聲。

「沒看我在煩啊？眞是遲鈍！這種小事也來煩我？」正絞盡腦汁寫公文的官員訓斥著，忽然眼睛一亮，叫住灰溜溜轉身的下屬。「你說他叫倪寬？」

「對啊！就是之前被外放到北地管理畜牧的倪寬，他來交報告。」

「對，也許他有辦法！「讓他進來！」

倪寬曾任廷尉文學卒史（協助廷尉處理文字的官吏），很有學問。他性格溫和，主張仁慈爲懷，反對嚴刑峻法，因爲和主張施用嚴法酷刑的上司張湯發生衝突，被貶到北地管理畜牧，成了「牛羊養殖場場長」。但據說他並沒有因此喪志，而是充分發揮年少時學會的養殖技術，使牧場的牛羊數量大增。今天他正好來進行工作彙報。

奏報的主筆官員熱情地接待了倪寬，把事情的前因後果說了一遍，只見倪寬淡定地回答：「這有何難？拿筆墨來。」

不過須臾，倪寬就把奏章寫好了，並讀給在場官員聽。大家聽完後，紛紛深感佩服：高，實在是高！這下有救了！主筆官員立刻將這件事告訴了上司——廷尉張湯。張湯親自召見倪寬，一番對答後，心中竊喜：沒想到我們部門裡還有此等人才，之前是我大意了，大意了……

奏章遞上去後，漢武帝相當滿意。他對張湯說：「這次的奏章寫得很好嘛！不是一般人能寫出來的。說吧，誰的手筆？」

「是個叫倪寬的人寫的！」皇帝就是皇帝，明察秋毫。張湯如實回答。

「倪寬？朕早就聽說過這個人了。」

回去後，張湯告訴倪寬：「別做什麼養殖場場長了，我幫你升官加薪！」

於是，倪寬從鄉下的「養殖場場長」變成了奏讞掾（「讞掾」音「燕願」，是專門起草奏章的祕書官）。他充分發揮自己的才能，說服廷尉府的官吏學習儒家經典，以仁政處理工作。廷尉府的官員們經過親身實證，發現效果比使用嚴刑峻法更好。

倪寬為什麼如此厲害？為什麼同樣的文章別人寫不好，他卻能輕鬆搞定？因為他從小就是個學霸：讀得多，見得多，本事多，是個扎扎實實的「倪三多」。

倪寬小時候家裡一貧如洗，根本念不起書，可是他腦子轉得很快：既然沒辦法去私塾讀書，那就去私塾幹粗活。他毛遂自薦，在當地學校的廚房幫忙打雜、燒飯；幹活之餘，就見縫插針地聽課。這樣一來，既吃飽了飯，又讀到了書，眞是一箭雙鵰。

除此之外，他還得在農忙時節去田裡當臨時工。不過他總是把書掛在鋤頭柄上，休息時就讀個幾行；就連幹活的時候，也會默念書中的詞句，研究字裡行間的道理。這就是後世廣為傳頌「帶經而鋤」的故事，此語也常用來讚揚貧而好學的人。

由於倪寬勤學好問，甚至得到了西漢著名學者歐陽生親自授課，後來又受孔子的後代——西漢經學博士孔安國悉心教導。他一邊學習，一邊發揮烹飪技術，幫老師和

關關雎鳩，
在河之洲，
窈窕淑女，
……

同學做飯充當學費，可說一技在手，吃喝不愁。

因爲學問越來越廣博，倪寬學成後被推薦當了博士。這個「博士」跟現在的博士意思完全不一樣：西漢時的「博士」指的是專門教授儒家經典的學官，不是學位，而是職位。

倪寬的老主管張湯做了御史大夫後，推薦倪寬爲侍御史，掌管糾察舉薦官吏的事務，有很大的權力；他還經常被漢武帝叫去講課，深入淺出地講解儒家經典。漢武帝龍顏大悅，擢升他爲中大夫，專管朝廷議論之事。後來倪寬又接替張湯做了御史大夫，負責監察百官，代朝廷起草詔命文書。御史大夫是與丞相、太尉合稱「三公」的官職，可說是「官場人」的職業天花板。

不過漢武帝提拔倪寬一事讓某人不服氣，他就是西漢著名的經學家褚大。「皇帝心中御史大夫的最佳人選原本是我啊，怎麼成了倪寬？他憑什麼？」

不服？不服來辯！

都城長安，在漢武帝的見證下，兩人以巡狩封禪爲主題展開辯論。倪寬引經據典，對答如流，毫無破綻。褚大這才知道，漢武帝確實知人善任，他也坦然承認倪寬的學識勝過自己。

在這之後，漢武帝給了倪寬一項極大的榮譽——隨行東巡泰山，參加封禪大典。

這是在秦始皇之後，第一次有皇帝舉行封禪大典。如此重要的儀式，主持人自然要精挑細選，御史大夫倪寬當仁不讓地接下了這項重任。

整個典禮進行得非常成功，漢武帝欣慰之餘，又交給倪寬一項重要任務——主持曆法修訂。倪寬帶領由司馬遷、公孫卿等人組成的優秀團隊，廣招能人異士，修訂出新的曆法《太初曆》。這是一項劃時代的成就，也是一次意義重大的曆法改革，因爲《太初曆》是中國古代第一部較完整的曆法，並對後世產生了深遠的影響。

倪寬的經歷告訴我們，沒時間只是藉口。只要有心，總是擠得出學習的時間，而所謂的學霸，無一不是利用時間的高手。

03

時間就在生活的縫隙裡

——董遇、沈驎士

東漢末年，有個非常內向的孩子，他不愛說話，一有空就讀書。當時天下並不平靜，哥哥便帶著他投奔了一位朋友。但戰亂年代，誰都不容易，兄弟倆還得自己養活自己；只要能填飽肚子，他們什麼都幹。他們有時到田裡拾稻粒換錢，有時上山砍柴拿到市場賣。

但哥哥發現了一個很奇怪的現象：弟弟總是跑到別人家裡借書，然後趁休息時讀。砍了半天柴的哥哥汗流浹背，累得腰痠背痛腿抽筋，躺在地上一邊閉目養神，一邊譏諷道：「累都累死了，還讀什麼書？書讀得再多，能填飽肚子嗎？別做白日夢了，我們天生就是窮人命。」

弟弟卻只是笑了笑。他知道，別人潑冷水的時候，最好的應對方式就是閉嘴，然後繼續用功。多讀書總沒什麼壞處，而且難道窮人就不能翻身嗎？

弟弟繼續埋頭苦讀，哥哥搖了搖頭，一邊打呼，一邊睡了過去。

時間一天天過去，弟弟的學問也一天天精進。他對《老子》最有心得，不但詳細地做了注釋，還將自己對《春秋左氏傳》的研究寫成了《朱墨別異》一書。

最後，他竟成了遠近聞名的大儒。

他就是董遇，三國時期魏國的著名學者。

出名後，很多人前來向他請教，並想拜他爲師。但他看來訪的人連書都沒認眞讀過，就大談理論和方法，於是問道：「這本書你讀幾遍了呀？」

前來請教的人局促地摸了摸頭，不好意思地說：「連一遍都還沒讀完呢；實在看不懂啊。」

「那回去先讀一百遍再說吧！只要反覆讀，就能理解其中的意思了。」董遇淡淡地說。

來人很失望。一百遍？說得倒輕巧。「我哪有那麼多時間啊？」

「只要好好利用『三餘時間』就行了。」

「什麼三餘？」

「一是冬天，沒有多少農活，是一年中最有空的時間；二是夜晚，不必下田工作，是一天中最有空的時間；三是雨天，不方便出門幹活，這也是空閒時間。」

來人若有所思。大師就是大師，把別人休息、偷懶、談戀愛的時間全用在學習上了；即使沒有閒暇時間，也能一邊工作，一邊讀書。

到了南北朝時期，在南朝的宋、齊年間，有個孩子叫沈驎士。他家裡很窮，一家人就算再怎麼辛苦工作，也吃不飽穿不暖；雖然他很想讀書，大量的體力勞動卻讓他不得空閒。

他在農閒時學習織簾技術，很快就由菜鳥晉升為大神，成為織簾高手。他織的簾子物美價廉，銷量不錯，總算能讓家裡寬裕一些；但他並不滿足於只當個工匠，無時無刻不想著重拾求學夢想。買不起書，他就向顧客或親戚朋友借；只要有書，他就借來抄，抄完再還。

但除了織簾，他還得砍柴挑水做農活，怎麼擠出讀書的時間呢？

山人自有妙計。沈驎士織簾的技藝已達爐火純青，閉著眼睛都能做，於是他開始嘗試一邊織簾一邊讀書。可是他高估了自己一心二用的能力，一開始他有些眼花撩亂，織簾時顧不上看書，看書時又顧不上織簾，導致生產率大打折扣，學習效果也一塌糊塗。

善用
三餘
時間
時間就在
生活的縫隙裡！
工作
不忘學習

幸好沈驎士最大的優點，就是有健康的心態。一個月不行，那就兩個月；兩個月不行，那就三個月……皇天不負苦心人，他終於練就了讀書工作兩不誤的本領：手在動，眼在看；簾子織好，書也讀完了。

到了晚上，他便認眞抄錄借來的書籍——抄書當然也是一種學習。他白天讀，晚上抄，一晃幾十年過去，沈驎士成爲遠近馳名的學者，許多人從遠方前來拜他爲師，向他學習；朝廷也三番兩次召他做官，但他就是不肯去。

這不一定是清高，而是個人智慧的彰顯；畢竟他所處的時代，政權更替頻繁，朝廷裡經常腥風血雨。亂世中，遠離政治漩渦，就是自保的上上策。

我讀書，我快樂；我織簾，我快樂。快樂的生活創造了沈驎士壽命的奇蹟：八十歲的他仍精神抖擻，時人皆爲之嘆服。

但命運的打擊還是毫無徵兆地降臨到這位耄耋老人頭上。一場詭異的大火燒毀他抄了一輩子的書，足足幾千冊哪！一把年紀的沈驎士看著眼前的灰燼，雙手不住顫抖：這可是他留給後人最大的財富，是他的畢生心血。

然而沈驎士不愧是沈驎士，一直以來，他都是靠著堅毅的心志走到今天的。他做出一項驚人的決定：重新抄，從頭抄。反正現在白天不用再織簾了，八十多歲的他，開始挑戰幾乎不可能完成的任務。熬了幾百個日日夜夜，他終於又抄完了幾千冊書，同時還寫了《周易兩繫訓》《莊子內篇訓》等書。

董遇利用「三餘」時間，沈驎士利用工作時間，兩人在學問上皆有所成就，實現了人生理想。我們經常會問：時間都去哪了?其實時間一直都在，它就藏在生活的枝微末節裡，只要善待它，它絕不會辜負任何人的期待。

04 洛陽城中有男神——邵雍

他是一個時代的「精神偶像」，是社會風氣的引領者，更是北宋洛陽城不世出的「男神」。

少年時期的他尤其好學，幾乎什麼書都讀。在學習過程中，爲了磨練強大的抗壓力與百折不撓的意志力，他採取很極端的方式：冬天就算再冷，也不生火爐（反正也沒錢）；夏天就算再熱，也不搧扇子（爲了不分心）；夜裡就算再睏，也不去床上睡覺（這純屬自虐）。晚上要是讀書讀累了，便趴在桌子上睡一會兒，睡醒了再繼續讀，竟連續好幾年都沒好好上床睡覺。他還經常把書的內容抄下來，貼在房間的牆上。目光所及，盡是書頁。

除了靠自己苦讀，他也常向知識淵博的人請教，拜當時的大儒李之才爲師，學習最古老難懂的《河圖》《洛書》，以及《易經》——古人會藉助一些圖形來推演大自然的奧祕，是一門類似神祕學的學問，懂的人也很少。

在古代，如果你能預測天氣情況或未來的自然災害什麼的，是不是很酷？是不是會有很多人崇拜你？

這些知識在古代，除了學霸等級的人，普通人還真的很難掌握。博學多才的他在學習過程中，逐漸領悟到自然與人生的道理，也明白了天地運行、世道變遷的規律；不但熟悉各種動植物的特性，還把學習所得寫成大量的文字。此時的他儼然已經是一位學識廣博的哲學家、文學家和數學家。

可是學霸永不止步。

有一天他突然感嘆道：「昔人尚友於古，而吾獨未及四方。」（《宋史．邵雍傳》）這句話的意思是：古人讀書求學，尚且知道要訪師拜友，但我卻沒有走出去。像我這樣一味埋頭書房，不去看看外面的世界怎麼行？

不看不知道，世界眞奇妙。

於是他來了一場說走就走的旅行。他走過黃河與戈壁，翻過大山與丘陵，穿過樹林與草原，認眞觀察世間萬物，深入考察古蹟遺址。走遍大半個中國的他，學到了很多書本上沒有的東西。

學霸歸來，再一次感嘆：「道在是矣！」（《宋史．邵雍傳》）整個世界已經在我心中了！

這個人就是邵雍。他的名氣越來越大，拜訪他的人越來越多。爲了學到更多本領，他帶著全家來到北宋繁華的一級城市——洛陽，住在破舊的茅草屋裡。他並沒有參加科舉考試，只靠砍柴爲生，還親自生火做飯給父母吃。儘管過得如此艱難貧困，卻依然手不釋卷，臉上還時常掛著恬淡的微笑。

周圍的人都不懂：明明是這麼有學問的人，爲何不去參加科舉、考取功名？宋朝的文官待遇可是很好的！他該不會受過什麼打擊吧？還是害怕考不上？

雖然他不去做官，卻被當官的人視爲偶像：有疑問，找邵雍就對了！「偶像」搖著扇子，三言兩語就能點破、解決，眞是世外高人哪！

彼時，富弼、司馬光、呂公著等人都住在洛陽，也成了邵雍的忠實「粉絲」，經常和他一同遊山玩水。後來，大家看他住的茅草屋太破，乾脆合夥出錢買了座大宅院給他。

邵先生，請笑納。

嗯，那就笑納吧！

邵雍也不推辭，坦然接受。雖然我沒求你們買，但你們既然買了，我也不裝清高。他還給這座宅院取名「安樂窩」，自稱「安樂先生」。

加入當朝名人的朋友圈，住在高官們免費贈送的「安樂窩」，這下邵雍的名氣更盛了。

沒了生活壓力的邵雍，每天都要飲酒三、四杯，微醺後便吟詩幾首。春天農閒時，天氣晴朗，他便乘著一輛小車，走走停停，隨意閒逛。官員、文人、老人、小孩、衙役、商人、小販見到他都會興奮地說：「吾家先生至也。」（《宋史·邵雍傳》）

沒人敢直呼他的姓名，且洛陽城到處都有他的粉絲。

一個時代以什麼樣的人爲偶像，基本上就反映了這個時代人們的精神風貌。有些富貴人家，爲了留偶像住一晚，便仿照他的「安樂窩」，建了一模一樣的房子，等候邵雍光臨，並取名「行窩」——如同皇帝的行宮，萬一哪天邵先生喝醉酒、看錯門，不就進來了嗎？

各級官員或文人只要到了洛陽，必定會去「安樂窩」拜訪邵雍。邵雍品德高尚，學識淵博，卻從不表現得高高在上，更不會偷偷留一手，故作高深。無論對誰，他總是敞開心扉，坦誠相待。他的行爲潛移默化地影響著洛陽的百姓，整座城的人都深受他的影響。

吾家先生至也
吾家先生至也

他就是洛陽城的新名片！

司馬光並以邵雍為兄長，而這兩位品德高尚、學富五車的人，甚至還讓洛陽城的家長們在教育孩子時說出「你要是做了不好的事，司馬先生、邵先生會知道」之類的話。

朝廷幾次三番召邵雍做官，他都不肯，而他對功名也早已看得沒那麼重了。到了宋神宗時期，正值王安石變法，許多反對派官員跑來跟邵雍訴苦，說變法搞得大家怨聲載道，這官要怎麼做下去啊？辭職！

但邵雍心平氣和地勸說：「新法固然嚴苛，但如果你們能盡自己的力量對百姓寬厚一分，百姓就會受恩賜一分。你們棄官，對百姓又有什麼好處呢？」

邵雍用自己的學識與品行影響了一整個時代，「男神」當之無愧。

05

朝聞道，夕死可矣

——吳昂、黃霸

明朝成化年間，浙江的海鹽縣有位少年，家境雖然不好，但他很好學，凡是能找到、借到的書，他全都讀遍了。後來他聽說，隔壁的海寧縣有位叫祝萃的人，十分博學多聞，天文、地理、數學、醫學無不精通；辭官歸鄉後，還在家裡開了個家教班，教人讀書；且方法得當，懂得因材施教。

少年想跟有本事的人學習，於是穿著粗布衣裳，腳踏草鞋，背著書箱，徒步走到海寧縣，來到祝先生家門口。進門前，他低頭看了看自己的腳，腳背、腳踝和小腿全沾滿了泥巴，這樣進門未免太沒禮貌了，於是他脫掉破爛的草鞋，在小河裡反覆搓洗，確認洗乾淨了，才叩門。

「咚咚咚！」

學堂的門打開了。

裡頭的學生像是看到怪物似的：這傢伙哪裡冒出來的啊？該不會是來要飯的吧？看起來不像啊，乞丐怎麼會背著書箱？

「請問祝先生在嗎？」少年毫不在意別人的目光，不卑不亢地問道。

「我就是祝萃，請問你是？」祝萃一邊以溫和的口吻回答，一邊上下打量著少年。眼前這孩子昂首挺立，眼睛裡散發堅毅的光芒。

「我叫吳昂，聽聞先生有大才，想跟著您學習，請收下我吧！」吳昂深深一鞠躬，抬起頭，仰慕地看著眼前這位儒雅溫和的先生。

祝萃也是寒窗苦讀過的人，深知這樣的孩子生活過得有多艱辛，馬上就答應了。但問題是，家裡的房間已住滿了學生，而且他正好想試試眼前這位少年求學的決心，於是說道：「我願意收你爲學生，只是你來晚了，我這裡的房間已經住滿了人，只剩一間牛棚還空著……」

「沒關係，我就住牛棚！」吳昂二話不說，就走進牛棚、脫掉衣服認眞打掃。過不了多久，臭氣衝天的牛棚變成了乾淨簡素的小屋。祝萃滿意地點點頭，孺子可教啊。

吳昂每晚都在牛棚裡複習白天老師教的東西，不斷在書上畫重點、做筆記。涼爽的秋天還行，但到了冬天，牛棚簡直就是地獄：北風吹，雪花飄，正常人根本頂不住啊！怎麼辦？

那就動動身子吧，爲自己的努力歡呼！

吳昂只要讀書讀到覺得身體冷了，就起來跳個幾下；身體暖和後，再繼續念。

很快的，到了年底，同學都回家過年了。祝萃爲了激勵這名意志極爲堅強的學生，特地送了米和布料給他，並囑咐他：「你過完年再來！」

吳昂回到家，才剛吃完飯，便又步行上百里路，來到祝萃家的牛棚。

大年初一早上，祝萃大吃一驚，問吳昂：「你怎麼今天就來了？」吳昂恭敬地回答：「您對我關懷備至，我一定要加倍努力讀書，才不會辜負您的期望。」

祝萃感嘆：這孩子將來必成大器啊！

果然，弘治十八年（西元一五〇五年）時，吳昂考中了進士、當了知縣，用所學造福地方百姓。

當時寧王朱宸濠的手下欺壓百姓，橫徵暴斂，老百姓苦不堪言，結伴在附近的丁家山建立營寨，以抵抗寧王收重稅，結果反被寧王誣陷爲強盜。寧王命吳昂前去圍剿，但吳昂對此事由來心知肚明。他沉住氣，對寧王說：「這些百姓不過是自保而已，並非反賊。請給我一點時間，我將親自前往勸說。」於是他孤身一人前往營寨，勸解百姓。大家敬佩吳昂的爲人，紛紛散夥，避免了一場屠殺慘劇。

只要是金子，總是會發光的。學識淵博的吳昂官越做越大，歷任雲南按察司僉事、淮徐兵備副使、福建左參政、福建右布政使等職。而他在任官之餘，仍不忘繼續精進，鑽研《周禮》，著有《周禮音釋》《南溪集》等書。

在牛棚裡讀書好歹還算自由，要是身處監獄的話，該怎麼辦呢？

西漢宣帝時期的大牢裡，有兩位官員模樣的人：一個唉聲嘆氣、滿臉悲憤地靠著牆；另一個則從容淡定地坐在稻草堆上。兩人都是因言獲罪，被判死刑，等候處決。時間一天天過去，雖然他們始終沒有等到行刑的詔書，但等死的過程其實比赴死更難受。

坐在稻草堆上的人對靠著牆的那位說：「夏侯先生，您是研究《尚書》的大師，我一直很景仰您，可惜沒有時間向您請教。現在，我想趁坐牢的機會向您討教，不知道您肯不肯收我這個學生？」

靠牆的那人眼睛猛然睜開，掐了一下自己的大腿：好痛！不是做夢啊！既然如此，那就是對方在搞笑！都要被殺頭了，他還有心思在這裡開玩笑？於是沒好氣地說：「你開什麼玩笑？在這裡？監獄？都要被殺頭了，還學什麼！」

「子曰『朝聞道，夕死可矣』，說的不就是現在嗎？」坐在稻草堆上的那人一本正經地說。看樣子他沒瘋。

剛好都在坐牢，
想跟您請教
《尚書》！
…你有事嗎？

靠著牆的人聽了這句話後，心生愧意。自己好歹讀了一輩子聖賢書，怎麼連這個道理都不懂？

「好吧，我教你。」

於是兩個人在監獄裡開始探討《尚書》。輕舟慢行學海，風景都在路上。兩人討論得不亦樂乎，監獄裡的獄卒們都以爲他倆瘋了。

靠著牆的人叫夏侯勝，曾任長信少府，是位遠近馳名的學霸。從小就跟著父親學習儒家經典，並且不斷總結自己的學習經驗，開創了研究《尚書》的新學派——「大夏侯學」。

坐在稻草堆上的人叫黃霸，曾任丞相長史。少年時的黃霸喜歡讀法律著作，非常想成爲一名有作爲的官員。只是西漢沒有科舉制度，他苦於無人舉薦，只好花錢捐了個官。

捐官又稱爲「捐納」，是封建制度下，爲了緩解社會財政困難，允許百姓向國家捐納金錢物資，以獲得官職爵位的辦法。

黃霸捐了許多米穀，弄了個小官，並決心造福百姓，以獲得政績和升遷。

漢武帝死後，漢昭帝即位，由大將軍霍光輔政。在政策上，仍沿用漢武帝末年的嚴刑峻法；爲了迎合朝廷政策，各地官員執法都以嚴酷爲綱領，即便造成冤案或錯案，也在所不惜。

所謂「上有所好，下必甚焉」，各地酷刑逼供事件層出不窮，因爲這是各級官員提出績效最快又最輕鬆的方式。把嫌疑人拉來就是一頓打，不說繼續打，再不說就連家人都跟著受苦。與其生不如死，還不如圖個痛快，許多人因此簽字畫押，認罪受罰，官員辦案效率大幅「提升」，政績就出來了。

黃霸卻是異類，他愛民如子，寬以待人。因爲熟悉法律條文，做事講究證據，又能明察秋毫，所以他任上少有冤錯假案。舉例來說，他任職穎川郡時，有一家富戶，兄弟倆一起生活，他們的妻子同時懷孕了，不料嫂嫂生了個死胎，卻一直隱瞞大家；弟媳則生了個男孩，讓嫂嫂又恨又妒，於是強行將孩子奪去，並聲稱孩子是自己生的。雙方各執一詞，爭論了三年都未能解決。

最後，兩人鬧上了公堂。

古代並沒有什麼基因檢測技術，但黃霸想了個辦法：他命人把孩子抱到大堂中間，讓兩個女人去爭奪，說：「誰能把孩子搶過去，便將孩子判給誰。」只見嫂嫂不管三七二十一，拚命爭搶，即使孩子哭了，也絲毫不在意；至於弟媳，雖然想把孩子爭回來，卻又因爲怕傷到孩子而不敢用力，表情痛苦。

看到這裡，黃霸就明白了，大聲喝斥嫂嫂：「妳只想得到兒子，又怎會顧慮他是否受到傷害呢？孩子是誰所生，本官已經知曉，大膽刁婦，還不趕快認罪！」

是不是有點狄仁傑斷案的傳奇味道？學霸斷案憑智慧，黃霸政績突出，又受百姓愛戴，讓他一路升遷，最終升任丞相長史。

只是不久之後，朝廷裡發生了一件事，將春風得意的黃霸拉入了「冰河期」。

早年流落民間的漢宣帝劉病已好不容易繼承了皇位，爲了鞏固權力，他想方設法要給自己一個令人信服的身分；於是他借力使力，藉由抬高曾祖父漢武帝的形象，增加自己是武帝嫡傳後代的正統性。因此，他下詔頌揚漢武帝，要求群臣討論武帝的「尊號」（對帝后或其先皇及宗廟等表示尊崇的敬稱）和「廟樂」（宗廟音樂，多用於祭祀或頌德）。

皇帝都開口了，官員們當然紛紛稱讚皇帝的好主意，爲「尊號」「廟樂」出謀畫策，到處一片頌揚之聲；偏偏這時候有粒「老鼠屎」站出來極力反對。他說，漢武帝雖有開疆拓土的功勞，但晚年窮兵黷武，消耗國力，導致百姓們流離失所，不該抬得太高，不能另立廟樂。

這顆「老鼠屎」就是儒學大師夏侯勝。

漢宣帝臉色鐵青，大臣們馬上把槍口對準夏侯勝，說他侮辱先帝，大逆不道。罵完還不過癮，這些人甚至聯名上書彈劾夏侯勝。擔任丞相長史的黃霸因仰慕夏侯勝爲人，也覺得夏侯勝並無過錯，拒絕在彈劾夏侯勝的聯名書上簽字。

這項舉動讓黃霸成了夏侯勝的「同黨」，兩人皆因「目無聖上」，在聲勢浩大的討伐聲中被捕入獄，判處死刑，成了難兄難弟。

但漢宣帝畢竟不是昏君。他雖然判了這兩人死刑，卻沒有下達處刑的命令。他知道這兩人是可用之才，就先拖著吧！這一拖就是三年，而黃霸的學問也在此期間大有長進。

某天，許多地方同時發生地震，漢宣帝爲了祈求太平，宣布大赦天下，兩人就此獲釋。

夏侯勝做夢也沒想到，出獄後的他立刻被漢宣帝任命爲諫議大夫，而他第一時間就向皇帝舉薦獄友兼學生的黃霸擔任揚州刺史。學霸歸來，黃霸仍不改愛民作風，步步高升，一路做到丞相，以七十七歲的高齡成爲漢宣帝的左膀右臂。

黃霸的家境確實不錯，並非貧寒子弟，但他功成名就的關鍵，仍是靠個人的奮鬥，從基層做起，不改初心，也是一位逆襲的榜樣。

對學問的追求是沒有盡頭的，對於吳昂和黃霸來說，求學不僅是仕途的敲門磚，更寄託著他們的人生理想。

06 期待一段光的奇遇

——江泌、車胤

在古代，油燈是奢侈品，貧窮人家根本用不起。爲什麼？因爲太耗油了。一般油燈使用的是動植物油脂，用不了多久就會耗光；更何況窮人家連做飯時都捨不得放油，更別說是拿來點燈。

或許有人會問：爲什麼不用蠟燭？也很貴啊！漢朝時，蠟燭絕對是頂級奢侈品，君王還會把它當成獎品賞賜給官員，普通人家怎麼可能買得起？到了南北朝和隋唐時期，使用蠟燭的機會是多了些，但主要仍限於中上層社會。宋朝時，蠟燭雖然變得比較普遍，卻還是屬於「炫富」產品。直到明清之後，蠟燭才漸漸走入尋常百姓家，不過價格依然不便宜。

在古代，照明並不是一件輕鬆的事。古代的蠟燭多半由動物油脂製造，所以點燈的同時，還得防止被老鼠偷吃。書還可以借來抄，燈和油卻借不來，所以許多貧寒子弟都想盡辦法借光讀書。

南北朝時的齊國，一間平房裡，有位少年穿著到處是破洞的衣服，正坐在床沿讀書。沒有燈光？但他有月亮。就算買不起油燈，難道不能接受大自然的饋贈嗎？只是月亮太調皮，不停往東南方退，時不時還要蒙上雲做的紗幔，這種時候，字就看不清了。少年眉頭一皺，唉，他只好披著「洞洞衣」走到屋外。深夜，屋外冷風吹，他斜倚著門框繼續讀書。

夜深了。

啊！少年打了個長長的呵欠，睏了……

他看了看手中的書，還有些地方沒弄明白呢！白天他得做木屐拿去市場賣錢，沒時間讀書啊！

他抬頭一看，月亮還在，豈能辜負月光呢？於是他把衣服裹緊，繼續讀書。

少年名叫江泌，成語「映月讀書」說的就是他。

後來他做了齊國的官，成爲皇子南康王蕭子琳的侍讀——能當皇子的同班同學，必然是經過千挑萬選的學霸。他與蕭子琳有同窗之誼，且兩人私交甚密，成了好哥們。可惜齊明帝蕭鸞篡位後，對武帝蕭賾還在世的兒子們痛下殺手，瘋狂屠戮蕭氏子

月亮等等我！

弟，蕭子琳也在其中，江泌的好哥們就這樣見了閻王爺。

江泌奔喪時，眼睛都哭出血了。

得此一友，夫復何求？重情重義的江泌因此廣受後人稱道。

除了映月讀書的江泌，還有一個人也善於利用自然光源。車胤的曾祖父車浚曾任孫吳的會稽太守，父親車育曾做過吳郡主簿一類的小官。按理來說，他的家庭條件不算差，加上父祖輩都是讀書人，家裡也還有些藏書——在那個時候，家中有書，可比黃金還難得，很多人一輩子都沒看過書長什麼樣子。

書是祖上傳下來的，但讀書用的燈油比較貴，家裡並沒有能力支持他夜夜讀書。車胤很用功，夏天傍晚，看到別的小朋友追著螢火蟲跑，他便突發奇想，在白色的布袋裡裝滿螢火蟲，做成一只小布燈當成照明來讀書。

魏晉時期沒有科舉制度，庶民缺乏階級流動的管道，寒門子弟若想出人頭地，可以依附名門望族，做個門客或助理什麼的。當時晉明帝的駙馬、屢建戰功的桓溫聽說車胤的事蹟後，便召他爲助手，後升他爲主簿。車胤因爲學識廣博，深得桓溫賞識，桓溫每次有聚會的時候，都會帶著車胤。

東漢末年，門第的觀念已經形成；魏晉南北朝時期，名門望族往往世代爲官，把持朝政，把朝廷當成家族企業，彼此舉薦，子弟都身居高位。他們掌握了推舉權、選拔權，門生故吏遍布天下。這些家族以門閥自稱，成爲特殊的利益集團。他們家世顯赫，世代累積的財產和土地數量驚人，並在朝廷擁有實權；有些門閥甚至可以左右朝政，甚至決定要誰來當皇帝。時間長了，出生在這種家庭的人，都有強烈的優越感。

在門閥貴族的宴會上，車胤憑藉多年苦讀積累的知識，總能接住別人的話題，很快就成爲聚會中的焦點。只要他一來，聚會立刻成了他的脫口秀專場；如果哪次他沒來，大家就會感嘆：「車胤沒來，總覺得聚會有點無聊耶！」

寒門出身的車胤總算在名門望族的社交圈裡占了一席之地。那些夢想有一番作爲的門閥子弟，自然想用些有本事的人；車胤便是受到當時僕射（相當於宰相）謝安的關注。謝安出身陳郡謝氏，很有才幹。在謝安的提攜下，車胤很快有了展現才能的舞臺，長年勤奮讀書也終於有了回報：他升任中書侍郎，成了宰相的助手，時不時還能爲皇帝講講課。不久後，又獲擢升爲吏部尙書，成爲朝廷核心的一員，這在「上品無寒門、下品無士族」的兩晉，可說是破天荒的人事任命。

謝安去世後，東晉孝武帝的親弟弟司馬道子掌握朝政。孝武帝與司馬道子皆嗜酒如命、縱情享樂、不理朝政，朝廷實權便落到司馬道子的兒子司馬元顯手中。他在掌權期間不斷排除異己、迫害賢良，引來許多正直大臣的反感，吏部尙書車胤就是其中一位。車胤想除去司馬元顯以肅清朝政，可惜事跡敗露，反被司馬元顯逼迫自殺。臨死前，車胤表現出讀書人應有的氣節，憤怒地說道：「吾豈懼死哉？吾求一死以露權奸耳！」

車胤就像他小時候裝進布袋裡的螢火蟲一樣，拚命發光，照亮了歷史的一個角落。

第二章

中年大叔也能轉型「偶像」

07

有錢不是放棄學習的理由

——段千木

戰國初期的魏國在魏文侯與李悝（音「虧」）的大力改革下迅速崛起，人才輩出。魏文侯親自邀請孔子的學生子夏，到魏國的西河地區教授儒家學說，備受感動的子夏於是帶著弟子們親自到西河坐鎮。孔子學生們的專長分成許多種：曾參、曾申父子講究孝和禮，在戰國屬於冷門學科；子夏的學問講究實用，屬於當時的大熱門。子夏的弟子公羊高與穀梁赤開設了「歷史課」，講解春秋時期的故事，進一步演變成後來著名的《春秋公羊傳》和《春秋穀梁傳》；子貢與他的學生田子方除了開設儒家經典課程，還根據自己的特長開設了「縱橫術」和「經商課」。

戰國時期，什麼有用就學什麼！

一大批人聚集魏國西河地區，圍繞在「精神偶像」子夏周圍，形成了戰國初期著名的西河學派，而魏國也成了人才嚮往的「理想國」。這裡不僅有水準、標準都很高的學校，還有科學的選拔制度；簡單來說，這裡不問出身，只憑本事。

其中有一位被讀書人看不起的中年富商也跑來湊熱鬧，想附庸風雅。

此人出生在魏國，小時候家裡一貧如洗，想讀書根本不可能，於是他跑到晉國，當起投入成本低、見效快的家畜貿易中間商，俗稱「牙商」，相當於現在的仲介，為買賣雙方的交易進行斡旋。

因為伶牙俐齒，思維活絡，後來他成為晉國的牙商首領。此時的他雖然有錢，卻沒有學識、沒地位，口碑也不好；畢竟自古以來，商人就低人一等，何況是整天跟牲畜打交道的商人？《呂氏春秋》把他同顏涿、子石等奸猾之人歸為一類，統稱為「刑戮死辱之人」，可見其社會地位之低。

現在有錢了，年紀也不小了，想學點知識鍍金，該去哪裡才好呢？

家鄉魏國西河的私學辦得十分盛大，只要交學費，就能念書。於是他來到西河，拜子夏為師，跟田子方成了同學。他很聰明，學什麼都很快，不僅深得子夏眞傳，學問與品德也大有長進，從被人鄙視的商人，變成人人稱讚的好學生。他的名字叫段干木，是魏國的名人。

他的名氣大到什麼程度呢？魏文侯的弟弟魏成子禮賢下士，經常散盡家財以結交能人異士，他最推崇的便是段干木。當魏文侯聽說有這麼一號人物後，激動得當晚便趁著月色登門拜訪，沒想到段干木不願意與魏文侯會面，竟然翻牆跑了。

後來，好友田子方、翟璜、吳起等人都先後到朝廷任職，他卻依然不願意出來做官。有人說他潔身自好，有人說他沽名釣譽，但他其實就是懶得做官；畢竟賺到的錢一輩子都花不完，何必去官場勾心鬥角呢？

魏文侯為了請他出山，每次路過段家宅子，都會站在馬車上駐足仰望，表現誠意。最後，他終於感動了段干木，兩人一見如故，當場討論起治國大計；魏文侯聽他講得出神，站了很長一段時間都沒有坐下。

既然段干木不願做官，那就幫做官的講講課吧。於是他開始負責替魏國的王公貴族與高級官員講學。他富有德義，在民間享有很高的聲譽。

晚年的段干木一邊隱居，一邊開課教授學問，瀟灑地過完了一生。

居然自己跑來？
怕爆！

08

「二好學生」的奮鬥人生——吳起

出生在衛國富商之家的他，是個標準的敗家子；不過話說回來，在那個時代，商人再有錢也比不了達官貴人。爲了擠進上流社會，他到處尋找機會，花錢鋪路；但官員的任命由貴族們世世代代把持，他們怎麼看得上卑賤的商人？就這樣，得不到政治前途的他敗光了家裡的錢財。同鄉見富戶落魄，紛紛挖苦、嘲諷他。

只可惜，這次他們笑錯了對象：這敗家子的個性可是凶狠中的凶狠，一口氣竟殺了三十多個嘲笑他的人。逃跑前，他對母親說：「不爲卿相，不復入衛。」（《史記．孫子吳起列傳》）

幾十歲的人了，該幹點什麼才好呢？

看來還是得用知識武裝自己。於是他跟隨曾申學習儒家文化，跟李悝成了同學。

雖然他努力求學，成績也不錯，最後卻被授業恩師曾申趕出了學堂。爲什麼呢？原來他的母親去世時，因爲身負人命官司，他並未回家奔喪守孝。曾申一看：不孝之人！於是將他逐出師門，斷絕了師生關係。

這位學生的名字叫做吳起。

吳起也生氣了：難道親人去世，我就一定得回去守孝，然後被人殺掉？罷了，罷了，儒家也不過是重形式而已！不學也罷！要學就學熱門的學問。戰國什麼學問最熱門？兵法！

吳起跑到魯國學習兵法後，變得如魚得水；經過幾年刻苦鑽研，他成爲兵法專家。當時齊國發兵攻打魯國，有人對魯元公說，只有吳起才能拯救魯國，不如讓他帶兵對抗齊國。但魯元公猶豫了：吳起的妻子是齊國人，他能全心對付齊國嗎？

吳起仰天長嘆：我已經老大不小了，再不建功立業，當年對母親的承諾何時才能實現呢？於是他心一橫，殺了妻子，表示自己與齊國再無瓜葛。吳起殺妻的故事儘管廣爲流傳，但眞實性有待考證，只是從某方面來看，仍說明了吳起爲了成功不擇手段的一面。

吳起這個人成績好，身體好，但品德不好，頂多是個「二好學生」。

他確實有軍事才能，率領大軍的他毫不意外地擊敗了齊國，而他的成功在魯國激

為什麼您說自己
只算「二好學生」？
缺德嘛！

起了波瀾——區區商人之子，竟如此輕鬆就取得蓋世功勞，豈不是動搖了貴族們的根基？於是魯元公經常能聽到關於吳起的壞話，「這樣品格低劣的人，您能保證他以後不弒君嗎？」

魯元公的額頭冷汗直冒，索性罷了吳起的官！

在門閥貴族掌權的年代，一般百姓想要進入權力中心，實在太難了！

魯國待不下去了，老同學李悝便推薦他來到魏國。雄才大略的魏文侯看到吳起輝煌的經歷，便問李悝：「吳起是個什麼樣的人啊？」

身為同學兼朋友，李悝自然清楚吳起的底細，於是客觀地評價道：「起貪而好色，然用兵司馬穰苴不能過也。」（《史記．孫子吳起列傳》）意思是雖然吳起這個人貪戀功名且好色，但論到用兵，就算是司馬穰苴（音「攘居」，齊國著名軍事家）也不如他。

魏文侯不愧是一代明君，他並沒有放大吳起的缺點，僅在簡單的面試後，便直接任命吳起為主將。還處於「試用期」的吳起馬上交出了漂亮的成績單——攻占魏文侯早就垂涎三尺的秦國西河地區。後來魏國在這個地方設立西河郡，並任命吳起擔任郡守。

魏文侯死後，秦國為報西河被奪之仇，派大軍壓境，不料卻讓吳起一戰封神。

當時秦國出兵五十萬，雄赳赳氣昂昂地朝魏國進軍。年輕的魏武侯傻眼了：這下子該怎麼辦？

西河是你奪的，吳起，還是你上吧！

於是吳起親自率領尚未立過軍功的五萬新兵，加上戰車五百輛、騎兵三千餘，居然大敗聲勢浩大的秦國軍隊。

眼看吳起立下大功，魏國的貴族們再也坐不住了，他們早就對魏文侯時的改革心生不滿：那些身分低下的人，現在居然跟我們平起平坐，吃穿用的規格甚至比我們還高，要是再給他們機會，我們還有好日子過嗎？

於是貴族們聯合起來進讒言，而且魏武侯並沒有繼承魏文侯的雄才大略，他早就對那些出身卑賤的人不滿了。

這下子，吳起在魏國也待不下去了。不過戰國時代的好處就是機會很多，此處不留爺，自有留爺處。

有本事的人不怕失業。楚悼王主動伸出橄欖枝，吳起於是投奔了楚國。他當了一年宛城太守後，火速獲提拔爲令尹（相當於宰相）。吳起迎來了他人生中最輝煌的時刻——展開變法。他制定嚴格的法律制度，加強法治教育，讓人人懂法守法；取消貴族所有特權，凡是不合格的官員統統革職，有本事的人就能上位；裁撤政府機構，省下資金以獎勵戰場英雄；禁止私人請託，打擊楚國官場不良風氣……

雷厲風行，殺伐果斷，改革就需要這樣的氣魄與狠勁！楚國雄起了！變法後的楚國先後打敗趙、魏等強國，但改革必然會招來守舊勢力的痛恨。

一批在變法改革中被迫「捲鋪蓋」的舊貴族們始終躲在暗處等待機會。

等到支持變法的楚悼王去世，這些舊貴族們竟迫不及待地在楚悼王的葬禮上用箭射傷前來奔喪的吳起。

這些人竟敢明目張膽地在楚王的屍首旁射殺功臣，看來眞是急瘋了！

吳起果然凶狠，就算臨死，也要拉上墊背的。吳起拔出身上的箭，插在楚悼王的屍體上，用盡力氣大叫：「群臣作亂，謀害我王！」那些貴族們殺紅了眼，仍向吳起射箭，連同楚悼王的屍首一起射成了刺蝟。

楚國的法律中有一條：「麗兵（對人使用武器）於王尸者，盡加重罪，逮三族。」（《呂氏春秋．貴卒》）新即位的楚肅王也是殺伐果斷之人，他馬上下令：殺吳起時，射中楚悼王屍體的人夷三族，吳起的屍體也被五馬分屍。

受此牽連而被滅族的有七十多戶。沒有了吳起坐鎮，楚國變法無法進行，楚國崛起之路就此中斷。

雖然吳起有急功近利的一面，但客觀來說，他憑藉個人的學識與本領，衝擊了先秦時代的貴族特權，由商賈之家的「敗家子」一變而爲擾動風雲的軍事家、政治家、改革家，確實有他了不起的地方。

此外，他將自己的思想濃縮在《吳起兵法》這本書中，爲後人留下一筆非常寶貴的遺產。

09

一張嘴，檣櫓灰飛煙滅

——蒯通

秦朝末期，陳勝、吳廣一聲怒吼，壓抑許久的天下人紛紛響應，拉開了秦末農民起義的壯麗繪卷。戰爭雖然殘酷，但它給了學霸們充分展示實力的舞臺，不管是高官顯貴，還是無名小卒，只要有本事，就能縱橫天下。

陳勝手下的大將武臣率兵攻克邯鄲後，踐行了陳勝那句「王侯將相寧有種乎！」的名言：陳勝做得大王，為何我做不得？於是他自立為趙王。

成為趙王的武臣在張耳、陳餘的建議下，浩浩蕩蕩地朝范陽出發。

范陽城有位叫蒯（音「ㄎㄨㄞˇ」）通的隱士也坐不住了。生逢亂世，對有些人來說不啻是個機會。經過一夜長考，蒯通踏上了封神之路，迎來了人生中第一次閃亮登場。

蒯通是個超級學霸，他將自己長年對戰國名士們的研究，編成一部奇書《雋永》。可惜這部著作在戰火中遺失，直到西漢末年劉向編訂《戰國策》時，才零星找到其中一些章節。

現在大多數人認爲《戰國策》是劉向所編著，但也有一些學者認爲它是蒯通的作品，劉向只是在蒯通的基礎上進行校訂而已。歷代學者對《戰國策》的原作者爭論不已，看法大多分成兩派：一是《戰國策》爲蒯通個人作品；二是《戰國策》是由包括蒯通在內的多人所著，再由劉向整理成書。其中，清朝牟庭所著的《戰國策考》與現代學者羅根澤所著的《戰國策作於蒯通考》都認爲，《戰國策》是蒯通個人所著。蒯通生於秦漢之交，彼時天下大亂，大量古籍先毀於秦代的焚書坑儒，後又有項羽的一把咸陽大火，許多歷史的細節就這樣在戰火中模糊了。

戰亂年代，尤其是三國時期，謀士們又重新登上舞臺呼風喚雨。諸葛亮尙在草廬時，便胸有三分天下；元代刊行的《三國志平話》更是將諸葛亮寫成蒯通轉世投胎，也算是對蒯通智謀的高度敬佩與認可。

經過長期的學習積累，蒯通有足夠的信心能攪動歷史風雲，且看他是如何巧妙說服武臣退兵的。

他先去遊說范陽縣令徐公：「我是范陽的百姓，名叫蒯通，我可憐您就要死了，所以特意前來哀悼。儘管如此，我也祝賀您因爲得到我蒯通而獲得一線生機。」

徐公雖然覺得奇怪，但還是連連拜謝，並問道：「爲什麼要哀悼我呢？」

蒯通說：「您做縣令已十多年了，殺死別人的父親、製造大批孤兒、砍去別人的手腳、刺破別人的臉……受害的人太多了。但老百姓之所以不敢拿刀子捅您，是因爲他們害怕秦朝的法律。現在天下大亂，秦朝的政令無法貫徹執行。在這樣的背景下，那些被你迫害的老百姓們都將爭先恐後地把刀刺進您的肚子裡。如今，各路諸侯都背叛了秦朝，武信君（即武臣）的人馬也即將到來，您如果要死守范陽，年輕人會搶先殺死您的。您應該馬上派我去見武信君，我有辦法說服他接納您，這樣您就能轉危爲安了。」

范陽令表面上裝得若無其事，但內心的小鼓已經咚咚亂響了。他頻頻點頭，忙不迭地附和：「正合我意，正合我意。」同時趕緊準備車馬，派蒯通前往武臣陣營。

蒯通來到武臣的陣營時，武臣只管坐在帳篷裡吃飯，對蒯通並不熱絡，還瞟了他一眼。武臣聽說過蒯通的名聲，只淡淡地說：「我已將范陽團團圍住，不日即可攻下。你是來投降的嗎？」

蒯通從容不迫地走上前，直截了當地說：「您只憑蠻力攻打，會損失慘重，這並不是高明的做法。如果您能聽從我的計策，就能兵不血刃地拿下城池，而且只要一張告示便能平定千里，怎麼樣？」

你是來投降的嗎？

你這種做法沒用。

你是什麼意思？

只要給范陽令這個，
就能再免費
多拿30座城！

武臣好奇地問道：「你這話是什麼意思？」

蒯通回答說：「我很了解當今的范陽令，他膽小怕死、貪戀財富，且愛慕虛榮。他原本打算第一個來投降，又擔心他會像其他官員一樣被您殺死。如今范陽城裡的年輕人也想殺掉他、奪下城池好阻擋您的進攻。您何不直接封個官給范陽令呢？他一定會非常開心地把城池獻給您。接著，再讓他坐著豪華的車子，在燕國、趙國的邊境炫耀。燕國、趙國的人看見了會怎麼想？范陽令率先投降，得了榮華富貴，向您投降有什麼不好呢？到那時，您覺得燕、趙的城池還需要一座座去攻打嗎？」

武臣聽從了蒯通的計策，立刻給范陽令封了個官，用權力和金錢收買他，讓他在燕趙邊境炫耀。如蒯通所料，燕國、趙國的守城官員們看到後，都爭先恐後地向武臣投降，讓武臣不費吹灰之力便拿下三十多座城池。

就這樣，蒯通完成了自己人生中第一次華麗的演出。

10

想要發光，就讓自己先成為金子

——朱買臣

漢武帝時，儘管還沒有科舉制度，但有一位中年大叔卻仍將全部精力投注在研讀學問上，數十年如一日。由於他沒有穩定的收入來源，即使到了四十歲，仍只是個窮酸的讀書人，只能靠砍柴貼補家用。他經常一邊挑柴，一邊拿著竹簡，邊走邊看。路人紛紛笑他是傻瓜：就一個窮砍柴的，什麼都不會做，還裝什麼讀書人？這樣一傳十，十傳百，「砍柴書癡」的事蹟傳遍了當地，大家都在茶餘飯後津津有味地談論著。

他的老婆聽了這些話，心裡實在不是滋味：怎麼自己就嫁給這樣一個不踏實的呆子？窮一點沒關係，至少得勤快些吧！天天翻來覆去地讀書有什麼用？能讓田裡長出稻子嗎？能吃好穿好嗎？於是她苦勸丈夫，好好工作，一起努力過好日子吧，別再丟人現眼了。

但大叔不聽，旁人的嘲笑反而激發了他的鬥志。他一邊背著柴走路，一邊旁若無人地大聲念書，就像唱山歌一般；路人都圍了過來，像是看猴子雜耍般地對他指指點點。這下子，大叔成了村人教育小孩的負面教材：瞧，以後要是不好好幹活，就會像那個傻子一樣窮到老。

他的妻子終於忍不住了，跟著這樣的男人未免太丟人；既然苦勸不聽，那就離婚吧！大叔卻信心滿滿地對妻子說：「別看我現在落魄，五十歲時必定大富大貴，妳都跟著我吃了這麼多年苦，也不在乎多等幾年，何必現在急著離開呢？」

老婆氣得牙癢癢的，罵道：「真是爛泥扶不上牆，我跟著你不求享福，只希望你踏踏實實的，別做白日夢。像你這樣的人，最後只能餓死在山野裡，還好意思說什麼富貴？」無論怎麼勸，妻子就是要離婚，大叔勸不住，只得一封休書遞過去。他老婆頭也不回，摔了門就走，只留下手握竹簡、形容憔悴的大叔。

婚姻的失敗並沒有讓他喪志，大叔仍一頭鑽進書海裡充實自我。所謂不鳴則已，一鳴驚人，大叔的老鄉嚴助在朝廷做官，知道他辛勤鑽研學問，於是將他推薦給漢武帝。四十多歲的他向漢武帝展示畢生所學，暢談《春秋》、講解《楚辭》，殿前奏對

只會讀書有什麼用？

能讓我吃好嗎？

能讓我穿好嗎？

滔滔不絕。漢武帝大爲賞識，人才啊！大叔被封爲中大夫，後又成爲會稽太守，終於有了施展抱負的舞臺。

是金子總會發光，但必須先讓自己成爲金子。

漢武帝非常喜歡他，有意讓他回鄉「顯擺」，便對他說：「獲得榮華富貴後，若不返回故鄉，就好比穿著錦繡衣服在夜間行走一樣。」穿著漂亮的衣服，要是沒人看見，怎麼算漂亮呢？現在富貴了，不回家鄉好好炫耀一下，哪有人知道呢？

大叔叩頭謝恩。這可是奉旨回鄉，想低調都不行啊！

他乘著官轎前往會稽郡上任，路上正好看見他的前妻和她丈夫在修路，心中感慨萬千。他讓手下將前妻與她丈夫接到太守府，並安排他們食宿。

他也拜訪了以前曾接濟過他的同鄉，並一一回報他們；至於曾經嘲笑挖苦他的人，現在則是回家告誡小孩要好好讀書，才能像太守大人一樣光宗耀祖。

但他的前妻卻受不了。

前妻想起之前自己曾如何侮辱前夫，想起前夫挑柴讀書時自己嘲笑他的樣子，再看他如今的風光無限，她再也忍受不了內心的羞愧，一個月後，趁夜深人靜之時，在太守府上吊自殺。

人死不能復生，大叔於是好生安葬了前妻。

這位成功逆襲的大叔就是西漢名臣、位列九卿的朱買臣，成語「負薪掛角」中「負薪」的主人公就是他，指他一邊工作一邊讀書，不畏辛苦。由此可見，想要求取知識，信念是不可或缺的。

11

養豬大叔的奮鬥史
——公孫弘

他出生在西漢時期菑川國的薛縣（現今山東省滕州市），年輕時曾在家鄉當過一段時間的獄卒，後來因爲不愼觸犯法律而丟了差事。沒知識、沒地位、沒積蓄的他爲了塡飽肚子，只能幫人家養豬，天天挑豬糞、刷豬毛，全身上下臭烘烘、髒兮兮的。就這樣，他渾渾噩噩地過了許多年，一晃眼，已經四十歲。

養豬大叔聽說，有人因爲認眞求學而獲地方政府推薦到朝廷做官，他突然靈光一閃：養豬時，我可是有大把的空閒時間，爲何不讀點書呢？難道我一輩子只能在這裡聽豬叫嗎？

於是，四十歲的他開始讀書。但歲月不饒人啊，年紀大了，老是記不住東西，因此他集中精力，只專攻一本書——《公羊傳》。

你在看什麼？
公羊傳

《公羊傳》是什麼書呢？春秋時期，魯國史官們記錄了很多魯國的歷史事件與故事，後來出身魯國的孔子按年代對這些文獻進行了編排修訂，取名《春秋》。《春秋》成了儒家的經典教材，但因爲《春秋》的文字過於簡略，加上裡面的故事年代久遠，不太容易理解，於是又出現了很多與教材配套的「參考書」，對《春秋》的內容進行解釋、說明和補充。

其中有三位「特級教師」所寫的參考書最出名：左丘明的《春秋左氏傳》、公羊高的《春秋公羊傳》和穀梁赤的《春秋穀梁傳》，合稱「春秋三傳」。養豬大叔攻讀的就是《春秋公羊傳》。雖然他年紀大、記憶力不好，但集中精力攻占一座山頭，堅持十幾年總會有收穫。大叔一邊替人養豬，一邊努力學習。後來研究《公羊傳》的大師胡毋生辭官回到家鄉齊地（今山東省臨淄市），閒來無事，便辦起私塾教書，養豬大叔也多次拜訪胡毋生，向他請教。

就這樣堅持了將近二十年，養豬大叔變成了有學問的養豬老頭。漢武帝繼位後，下令地方政府官員向朝廷推薦品學兼優的人才。當時，精通儒家典籍的人不多，縣府的人找來找去，最後發現那個養豬老頭挺合適的。他雖然貧窮落魄，但既孝順又有學識——長期照顧繼母，還堅持讀書二十年。有人可能會問：官府爲何不乾脆推薦家人或和自己有關係的人呢？那個年代還真不行，除非對方的確有本事。因爲皇帝要面試，如果沒過關，推薦人可是要倒楣的；得要過關了，推薦人才有獎賞。而在雄才大略的漢武帝面前，沒有一點眞才實學是不行的。

六十歲的大叔就這樣被官府推薦到朝廷做了博士，從此步入仕途，一路升遷，最終成了一人之下、萬人之上的丞相。

當了丞相後，他尤其重視讀書人，在自己的丞相府邸東邊開了一扇小門，安排專用的房間以接待賢士，與他們共同商議國家大事，並用自己的俸祿接濟那些有本事的寒士。成語「東閣待賢」說的正是他——西漢名臣公孫弘。他用親身經歷告訴人們：讀書這件事，任何時候開始都不晚。

12

北宋「廢柴」的勵志人生
——蘇洵

在北宋眉州眉山（今四川省眉山市）有一位中年大叔，在教兩個兒子讀書的時候，發覺他們的水準越來越高，自己反倒有點跟不上了。再這樣下去不行啊！太丟人了！於是他決定再度致力於學問，最後父子三人都在北宋文壇上留下了濃墨重彩的一筆。

他就是蘇洵，大文豪蘇軾與蘇轍的父親。

年少時的蘇洵並不喜歡讀書。由於家境還算不錯，他加入了「啃老大軍」，學李白「仰天大笑出門去」，到處遊山玩水。後來玩膩了、累了，看到兩個哥哥認眞讀書，心想自己也來讀點書吧！但讀著讀著，覺得「之乎者也」好生無趣，於是又放棄了。父親蘇序對這個遊手好閒的兒子倒是放縱，任他隨性而爲，畢竟他有三個兒子：蘇澹、蘇渙、蘇洵。蘇序早年逼著長子、次子讀書考功名，對么兒的管教並不嚴厲。

轉眼間，蘇洵到了結婚的年紀，但他出乎意料地娶到了程家小姐。

程家既是書香門第，又是富貴人家；且程家小姐知書達理，貌美如花，不知多少富家帥哥、官家子弟都被拒於門外，爲何偏偏嫁給了蘇家的「廢柴」？

而且程家小姐出嫁時，還帶來了十車嫁妝和一塊祖傳玉佩；不僅人來了，錢也到了，這下蘇洵該收收心了吧？

沒想到他依然我行我素，整日遊手好閒。身爲書香世家子弟，浪蕩的蘇洵絕對像恐龍一樣稀有，連程家人也對他指指點點的，只有妻子從未埋怨他。

話說回來，能讓一個人眞正成長的，就是痛苦。蘇洵的妻子雖然生下女兒，但未滿一歲就夭亡了；操勞一生的母親又接著病故。接二連三的打擊，讓蘇洵感覺人生無常，覺得自己得做點什麼。於是他開始認眞讀書，讀著讀著，竟自我感覺良好，信心滿滿地參加了鄉試——舉人的考試。鄉試是宋朝科舉制度中最低階的考試，但考試結果卻給了蘇洵強烈的打擊——他落榜了。

老婆程氏在這段期間又生下了一兒一女。

怎麼會這樣？以後怎麼教兒子？怎麼當模範、以身作則？痛定思痛後，他找出自己以前寫的文章細讀，越讀越覺得失敗。這寫的什麼東西？「吾今之學，猶未學也已！」（歐陽修〈老蘇先生墓志銘〉）於是他一把火便將過去所寫的文章燒了精光，決心從頭來過。

這時的蘇洵已步入中年了，妻子又生下了日後引領北宋文壇的蘇軾。

四年後，蘇洵到京城參加會試，但還是落榜了。

沒關係，看來是自己學問不精。他再接再厲，又去參加考試，但黃榜仍只送他四個字——「銘謝惠顧」。

噩耗接踵而來，他八歲的長子蘇景先也不幸夭亡。

不久後，他的妻子又生下一個兒子，取名蘇轍。蘇洵經歷了這些打擊，已經沒有什麼宏願了，只希望兩名兒子健康快樂地過一生。

蘇洵並沒有放棄學問。雖然他做不了官，但能在家一邊讀書，一邊做個好爸爸；他也親自教蘇軾、蘇轍讀書。在這之後，他的大哥、妹妹、次女、么女相繼去世。無常的世事讓他不再執著以讀書博取功名，他決定爲活著的人讀書，爲追求眞理而讀書，讀起書來反而更加鑽研了，他要對得起這麼多年來一直默默支持他的妻子。

妻子程氏爲了解決丈夫的後顧之憂，充分發揮經商才能，變賣嫁妝做爲本金，經營起布莊生意，短短幾年就把蘇家打造成小康之家。她不僅賺錢養家，丈夫外出遊學時，還肩負起教育子女的重任。她總是用東漢時期正直廉潔的范滂爲榜樣來教育孩子，教他們當個正直的人。有一次，蘇家人搬進新宅子，發現前屋主在地下埋了一罈金銀。這可是天上掉下來的禮物啊！但程氏堅決不要，她教育子女「君子愛財，取之有道」，當然也這樣言傳身教。

一晃眼，蘇洵四十多歲了，並未做過一官半職，主要將精力用於研讀學問與教育兩個兒子上。好在蘇軾、蘇轍十分爭氣，嘉祐元年（西元一〇五六年）春，蘇洵帶著二十一歲的蘇軾和十九歲的蘇轍，從老家沿江東下進京趕考，於隔年到達京城。父子三人邊走邊玩，就像出遊一般。

到了京城後，蘇洵在好友的推薦下，拿著平時寫的幾篇文章拜見當時的翰林學士歐陽修。

〈衡論〉〈權書〉等文章帶給歐陽修極大的震撼，他不住地感慨高手果然在民間，簡直是劉向、賈誼轉世！這些文章言詞鋒利、縱橫恣肆，如滔滔黃河奔湧向前。

在歐陽修的推薦下，文人們爭相閱讀蘇洵的文章，那個曾經的「廢柴」終於苦盡甘來，獲得了世人的認可。

讓蘇洵更意想不到的是，兩個兒子在這次考試中同時考中了進士！

更令人驚喜的還在後面。

在該次科舉的閱卷過程中，考官歐陽修看到一份才華橫溢、見解獨到的文章，讓他拍案叫絕，很想將這篇文章列爲第一名；但他猜這可能是自己的學生曾鞏寫的。宋朝的科舉與唐朝不同，採用糊名與謄錄的制度，爲的就是讓閱卷人無法判斷考生的身分。歐陽修猶豫了，爲了避嫌，他把這篇文章列爲第二名。

等到放榜時，歐陽修才知道那篇精采絕倫的文章並不是曾鞏寫的，而是一名叫蘇軾的年輕人寫的，這讓他心裡有些過意不去。

不過能取得第二名也很難得，於是蘇軾寫了一封感謝信給主考官歐陽修，並附上自己平日寫的一些文章，請歐陽修指點。蘇軾送來的文章簡直就是令人「驚心動魄」：他的見解獨到、文風豪邁，那快要溢出來的才華，深深讓歐陽修爲之著迷。

歐陽修興奮地寫信給當時極富聲望的梅堯臣，在信中盛讚蘇軾，並說道：「老夫當避路，放他出一頭地也。」（歐陽修〈與梅聖俞書〉其三十）意思是江山代有才人出，我的時代過去了，該給蘇軾揚名的機會。此後，他大力提攜蘇軾，而這也是成語「出人頭地」的由來。

當時的文人聽到這件事時，都覺得有些不以爲然，猜想歐陽修是不是收了蘇家的好處。之前他誇蘇洵，現在又誇蘇軾。蘇洵嘛，讀了那麼多年書，確實是有才華的；但蘇軾？一個毛頭小子而已。不過蘇軾的文章是不會騙人的，等到他的文章流傳更廣後，文人們才知道歐陽修並未誇大，屬於蘇軾的時代眞的來臨了。

據說，兩名兒子考中進士時，蘇洵想起自己曾幾度落榜，感慨萬千，寫下一首

落榜 × N
莫道登科易，
老夫如登天。
莫道登科難，
小兒如拾芥。
這是在
炫耀吧！

詩：「莫道登科易，老夫如登天。莫道登科難，小兒如拾芥。」（丁傳靖《宋人軼事匯編》卷十二）蘇洵在自嘲的語氣中帶著滿滿的自豪，堪稱北宋的「低調炫富」。

蘇氏父子三人自此進入文壇，當時京城最流行的一句話是「蘇文生，吃菜根；蘇文熟，吃羊肉」。熟讀三蘇的文章，就能考中進士、有肉吃，否則只有吃菜根的份。

正當蘇氏父子春風得意時，家鄉傳來了噩耗，他們背後的女人——蘇洵的妻子程氏病逝家中，沒能看到丈夫與兩個兒子的輝煌時刻。這件事成了蘇氏父子心底永遠的痛。司馬光為程氏撰寫了墓誌銘，說她「勉夫教子」，給予她極高的評價。

蘇洵聽聞噩耗後痛哭不已。「夫人啊，那個曾經沒有出息的我現在成功了，但妳怎麼就走了呢？」

他帶著兩個兒子日夜兼程趕回老家，送亡妻最後一程。

後來蘇洵經韓琦推薦，獲任命為祕書省校書郎，後來也陸續擔任過一些小官，不變的是他依舊刻苦於學問。他編寫《太常因革禮》後，原本還想把自己讀《易經》的體會也寫成書，不幸的是，願望還未完成，就病逝了。

蘇洵中年奮起，與兩名兒子一起引領了北宋文壇的潮流，位列「唐宋八大家」之一。

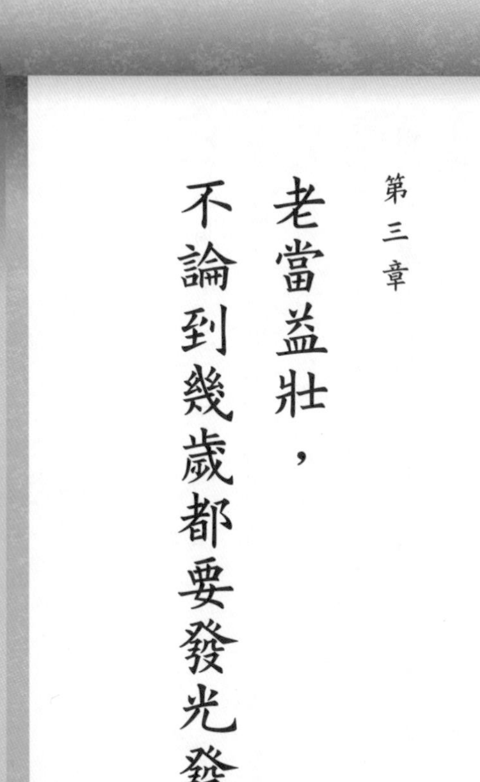

第三章

老當益壯，不論到幾歲都要發光發亮

13

一箭五鵰的划算買賣

——百里奚

春秋時期的虞國有個叫百里奚的小孩，他從小就喜歡讀書；沒錢買，就到處去借，全部記下來之後再還回去。因爲窮得叮噹響，他三十多歲才娶妻。雖然他才學過人，但在那個沒有科舉的年代，出身貧寒的人很難做官。

他的妻子杜氏相當有遠見，鼓勵丈夫周遊列國，找尋機會。在百里奚啓程的那天，爲了讓他吃一頓飽飯，妻子狠心殺了家中唯一的老母雞，爲丈夫餞行。她囑咐丈夫：「你去吧，家裡有我，放心！」

丈夫看了看已經有幾根白頭髮的妻子，帶著不捨與壯志上路了。這麼好的妻子，我一定要盡快讓她過幸福的生活。

然而接下來的現實，卻給他的豪情壯志澆了一盆冷水。

他先後遊歷了齊國和周朝都城洛陽，不斷向王公貴族自我推薦，卻沒人理他。人家忙著吃喝玩樂，誰有工夫聽你講治國大道？碰了一鼻子灰的他繼續流浪遠方。

沒收入，沒靠山，沒工作，怎麼辦？加入「丐幫」當乞丐啊！到宋國時，他身無分文，只能沿街乞討。

就這樣，他從一名惆悵的中年大叔變成了滄桑的窮老頭。但腹有詩書氣自華，像他這樣的人，無論在什麼地方，只要有機會，就能發出光芒。他銳利的眼神、濃密的鬍鬚、優雅的談吐、襤褸的衣衫，還真的吸引了一個人——蹇叔。

蹇叔問老頭：「你叫什麼名字啊？哪裡人啊？看樣子也是個學識淵博的人，怎麼流落至此呢？」

「我叫百里奚，來自虞國。唉，一言難盡啊！」

兩位白髮蒼蒼的老頭握住了手，他們越聊越投機，聊到忘記了時間，直到黃昏。蹇叔說：「老弟，我看你別在街頭流浪了，到我家去吧！」

餓得面黃肌瘦的百里奚激動不已。

就這樣，百里奚跟隨蹇叔來到一處世外桃源：這裡溪水環繞，鳥語花香；雖然簡樸，但幽靜雅致，這裡是蹇叔的家。經過一段時間的相處，兩人成了非常好的朋友。蹇叔也是個學霸，每天忙完農活後，就讀書學習，時時關注天下大勢。

平時，百里奚跟著蹇叔一起下田耕地、翻土、播種、除草、收割；農閒時就和鄰居們一道觀泉、登山、捕鹿、捉魚、閒聊。蹇叔總是從容淡定，百里奚的心裡卻不安寧：這樣下去不行啊！老婆孩子還等著我揚名立萬、吃飽穿暖呢！

他聽說齊國公孫無知殺了齊襄公，自立爲君，正招納天下人才，便想去投奔無知。冷靜睿智的蹇叔卻說：「襄公之子出亡在外，無知名位不正，終必無成。」百里奚向來尊敬並信任這位朋友，便打消了去齊國的念頭。後來事情正如蹇叔所料，齊君無知殘暴不仁，被大夫雍廩殺害，齊桓公繼位。

既然別的國家去不了，那就回虞國謀個差事吧。蹇叔想起老朋友宮之奇正在虞國當官，於是陪著百里奚一起來到虞國。在宮之奇的引薦下，他們見到了虞國國君。始終冷眼旁觀的蹇叔走出王宮後，對百里奚說：「我看虞公愛貪小便宜，也不是有爲之主。」

但百里奚等不及了，他還要養家，總不能老是在蹇叔家蹭飯吧？於是他自作主張地留了下來，終於在虞國做了個官。

但虞國國君果然如蹇叔所說的嗜財如命。他收了晉國給的錢後，答應借路給晉國，讓他們能征討虞國隔壁的虢國。虢國一直是虞國的盟友，虞國這麼做既得罪了盟友，也有可能成爲被晉國侵略的對象。儘管宮之奇苦苦勸說，虞國國君仍一意孤行；

等到晉國滅了虢國後，果然也順手滅了虞國，百里奚就這樣莫名其妙「順便」跟著國君一起成了俘虜。

百里奚不禁仰天長嘆：蹇叔還眞是蓋世奇人，料事如神啊！

上天還是垂青奮鬥不止的人。恰好在這時候，秦穆公派人到晉國迎娶晉獻公的長女。百里奚戲劇性地成了公主的陪嫁奴隸，後來趁著秦國的迎親隊伍回國的路上逃走了。他逃到了楚國邊境，被楚兵當成奸細抓起來。百里奚撒謊說：「我是幫虞國有錢人家看牛的，國家滅亡了，只好出來逃難。」楚兵見這個六、七十歲的老頭子一副老實的樣子，就讓他留下來看牛。

如果不是一個從晉國投奔到秦國、名叫公孫支的武士，百里奚可能一輩子都得「與牛共舞」。

公孫支在秦穆公面前讚揚百里奚的才能，秦穆公聽得眼睛都亮了。他一向愛才，這麼好的人才不爲我所用，爲誰所用？於是他們費盡心思打聽百里奚的下落，終於找到了他，還備了一份厚禮，想派人請楚王把百里奚送到秦國來。

沒想到公孫支說：「萬萬不可。楚國讓百里奚養牛，是因爲不知道他的賢能。如果您用這麼貴重的禮物去換他回來，不就等於告訴楚王，百里奚是個難得的人才嗎？這樣楚王還肯放他走嗎？」

秦穆公覺得有道理：「那你覺得應該怎麼辦呢？」

公孫支答道：「先不要聲張，就按照一般買賣奴隸的價格，用五張羊皮把他買回來吧。」

於是秦穆公派一位使者去見楚王，說：「秦國有個奴隸叫百里奚，他犯了法躲到楚國來，請讓我們把他贖回去治罪。」說完就獻上五張上等羊皮。

楚王沒有多想，百里奚就這樣回到了秦國。

秦穆公迫不及待地召見他，但一看到這老頭連走路都很費勁，心裡七上八下的：這人還能幫我治理天下嗎？秦穆公忍不住有點失望地說：「可惜啊，年紀太大了。」

百里奚覺得自己不拿出點眞本事不行了，便說：「如果大王要我追逐天上的飛鳥，或去捕捉猛獸，我確實太老了；但如果是和您一起商討國家大事，我還不算老呢！」

秦穆公肅然起敬：「喔？說來聽聽。」

兩個人很快談起了治國方針和軍事謀略。這下秦穆公可是對百里奚刮目相看了：這個老頭不簡單啊！立刻封百里奚爲上卿，協助自己處理國家大事。

百里奚很快又推薦了自己遠在深山的好朋友——蹇叔，他說：「蹇叔見識高遠，勝我十倍，乃當世之賢才。請大王重用蹇叔，我來當他的下屬。」

唉喲，這麼老喔？
真的！
真的！

抓鳥捕獸
大概沒辦法啦…

咚

要商談國事的話，
我還很young啦！

秦穆公聞言，立刻派人去請蹇叔。

又是一個連走路都費勁的老頭，但談論天下大事時，老頭精神抖擻，思路清晰。於是秦穆公封百里奚爲左庶長，蹇叔爲右庶長，人稱「二相」。由於百里奚是用五張公羊皮贖回來的，大家便稱他爲「五羖（音「股」）大夫」。不久後，蹇叔的兒子西乞術、白乙丙，百里奚的兒子孟明視也來投奔秦國，也都被秦穆公拜爲將軍。

有人會問，爲什麼三個兒子都不隨父姓呢？孟明視姓百里，名視，字孟明。孟明視，是把字和名連在一起稱呼的，並不表示他姓孟，所以也可以稱他百里視；白乙丙、西乞術也是同理。

秦穆公用五張羊皮換來了五位人才，狠賺一筆。

百里奚累積了一輩子的才華在秦國一口氣綻放開來，對內提倡文化教育，讓老百姓懂得禮義廉恥；對外處理好國際關係，不輕易參與他國戰爭。他嘔心瀝血地做了七年，讓秦國逐漸強大。他去世的時候，秦穆公非常傷心。

奮鬥了一輩子，百里奚終於在人生的最後時刻實現了理想。初唐詩人王勃曾有「老當益壯，寧移白首之心」的詩句，用來形容百里奚，可說是再恰當不過了。

14

搿馬溫的閃耀時刻

——燭之武

春秋時期，一名七十歲的老人望著天空長嘆：我一生都在學習知識，空有滿腹才華，卻無處施展。而今年逾古稀，眞要這樣沒沒無聞地死去嗎？我現在不過是一個圉正（養馬的官職），儘管朝中有人知道我的才華，但又有什麼用呢？他不止一次推薦我，結果卻連累他也被人嘲笑。

這時，秦國和晉國兩大霸主正企圖聯合起來，打算滅掉小小的鄭國，朋友於是推薦這個養馬老頭去勸秦王退兵。幾乎所有人都哈哈大笑：「你太狡猾了，怕自己有危險，不肯親自去說服秦王就算了，還把一個快死的老頭子推出去做替死鬼？」老頭的朋友從此被人稱爲「一隻狐」。老頭的朋友卻搖了搖頭：你們這些俗人哪裡知道那個老頭的本事？

夜空下的宮殿裡，鄭文公也在仰天長嘆：「怎麼辦啊？唉，眞不該得罪重耳（晉文公）那小子的。當年他逃到我這裡，我不該怠慢侮辱他啊！哪裡料到當時如乞丐般的他，日後會成爲霸主呢？雖然派了幾個人去向他示好，但那小子根本不理會。看來鄭國的國祚到此爲止了。」

這時，老頭的朋友「一隻狐」來了，他對一籌莫展的鄭文公說：「現在鄭國已在懸崖邊緣，一不小心就會掉入深淵；如果派我的朋友去見秦王，一定能說服他們撤軍。」

「他？」鄭文公一聽，好像有點印象。「你說的是那個養馬的老頭？」

「對，就是他。」

「好吧，你讓他過來！」鄭文公決定死馬當活馬醫，反正派去的使者都沒用，不如讓老頭也去試試。

老頭來了，鄭文公看著他佝僂的身材、雪白的頭髮、顫顫巍巍的腳步，心中很是不屑，但他還是露出微笑，說：「麻煩老人家了。」

老頭也有點不高興：你那皮笑肉不笑的樣子，以爲我看不出來嗎？這時候才想到我，早幹嘛去了？於是他故意說：「我年輕的時候，尙且不如別人；現在老了，更沒能力爲國家分憂啦。」

鄭文公差點爆氣：這老頭，要不是國家存亡之際，我才懶得搭理你。但秦晉聯盟實在太強大了，鄭文公只得咬牙賠笑：「早些年沒能重用您，是我不對；但鄭國滅亡了，對您也不利啊！」

鄭國也是老頭的故鄉，怎能眼睜睜地看著它滅亡呢？老頭答應了。

當時晉軍駐紮在函陵，秦軍駐紮在氾南，鄭國已經被他們團團圍住。

在一個伸手不見五指的黑夜，老頭命人用繩子把他從鄭國城牆上放下去，悄悄去見秦穆公。秦穆公見這老頭不顧生命危險，顫顫巍巍地跑來，勇氣實在可嘉；即使不聽他說話，也得請他喝杯茶吧！於是他客氣地接待了老頭。

老頭說：「秦、晉兩國圍攻鄭國，鄭國已經知道自己要滅亡了。如果滅掉鄭國對您有好處的話，我倒也不敢來見您；但請您想想：打下鄭國眞的對您有好處嗎？秦國與鄭國中間還隔了一個晉國，即使打下鄭國，難道鄭國就眞能成爲秦國的疆域嗎？到時鄭國的領土必定會被晉國吞了去，您又何必爲了增加晉國的實力而滅掉鄭國呢？晉國的國力增強後，下一個目標又會是誰呢？」

老頭站在秦國的角度來分析利益得失，絲毫不提鄭國，這就是遊說高手的做法，而他也精準地抓到了秦穆公的痛點。

見秦穆公陷入沉思，老頭趁勝追擊：「假如您放棄攻打鄭國，而讓鄭國成爲秦國

晉國強大後，
下一個目標會是誰？
晉
秦

的朋友，以後秦國使者往來鄭國或其他國家、要借道鄭國時，必能暢行無阻，這對秦國來說，有什麼壞處嗎？

「況且，您以前對晉文公多好啊，雖然他曾答應把焦、瑕兩座城池割讓給您，但他做到了嗎？他早上渡河回到晉國，晚上就加固城池防禦以抗秦國，您難道忘了嗎？晉國貪得無厭，滿足得了嗎？如今鄭國的土地已是晉國的囊中物，將來晉國想再擴張領土時，難道不會打秦國的主意嗎？攻打鄭國只會使秦國受損，而使晉國受益，請您好好考慮。」

秦穆公聽得冷汗直流。這老頭說得對，當年我助重耳奪得王位，他的確曾答應要給我土地，但至今都沒有兌現承諾。就連父子兄弟都能互相殘殺，何況是兩個結盟的國家？

秦穆公決定馬上與鄭國簽訂盟約，除此之外，還留下杞子、逢孫、楊孫三位大夫幫助鄭國守衛。

眼見秦國背信棄義，晉國大將子犯請求晉文公下令攻打秦鄭聯軍，但晉文公說：「不行！假如沒有穆公的支持，我不會有今天。受了別人恩惠又去攻擊他，是不講道德仁義；爲了這次的事情而失掉秦國這個盟友，是不懂謀略；在這種形勢下攻打鄭國，是逞匹夫之勇。我們還是回去吧！」

走吧！走吧！人總要學著自己長大。

聰明的晉文公也撤軍了，一場滅國危機就這樣化解。看似三言兩語，實則是老頭長期智慧累積的大爆發，而老頭也爲後來的縱橫家們樹立了榜樣。

老頭的名字叫燭之武，竭力推薦他的朋友叫佚之狐。

燭之武一生都在積聚能量，終於在一場危機中展露才華，留名青史。機會是留給有準備的人，這句話至今依然不過時。

15 若想活得久，常在書中走

——伏生

他生於秦朝，死於漢朝，用百歲高齡向世人宣告了一個道理：「若想活得久，常在書中走。」

他從小就非常喜歡讀書，經過廣泛的閱讀後，他決定深入研究《尙書》這本書。他的名字叫伏生。

在唐朝段成式所寫的《酉陽雜俎》裡記載了一個很有意思的小故事：當年伏生爲了鑽研《尙書》，把自己關在一個小房間裡，腰上纏了一根繩子，每讀完一遍《尙書》，就在繩子上打個結，直觀地提醒自己讀了幾遍。時間一天天過去，繩子上竟打滿了數不清的結。若沒有這樣的自律，就沒有學霸的誕生，伏生於是成了秦朝末年精通《尙書》的第一人。

《尙書》是什麼呢？

《尙書》意指「上古之書」。相傳孔子晚年時整理了古老的史料，再挑出其中最精華的部分，編成一本儒家教科書，這就是《尙書》。《尙書》按朝代細緻地區分爲《虞書》《夏書》《商書》《周書》，是儒家的重要典籍。但因爲這本書彙集的是上古時期的資料，讀起來比較難，所以誰能把這本書吃透，誰就能成爲文人們頂禮膜拜的專家；而伏生，就是其中最頂尖的專家。

也因此，秦朝時，他便成了秦始皇身邊的七十位博士之一。《史記．秦始皇本紀》記載：「始皇置酒咸陽宮，博士七十人前爲壽。」秦始皇選拔了七十多位博士，他們每人都精通一門或多門學問。

精通《尙書》的伏生就這樣成爲中央政府的政治顧問。但伏生早看透了秦朝的執政理念，認爲這與儒家思想實在相去甚遠。道不同不相爲謀，伏生早早遞了辭職信，逃離官場，回了老家。

後來秦始皇發動了震驚天下的焚書坑儒，燒掉了大量珍貴的古籍。爲了讓書本免於被焚的命運，許多讀書人冒死把書藏起來：有的藏在山裡，有的埋在地底，有的則藏在牆壁裡。焚書令一下，伏生就在牆壁上挖了幾個洞，把最心愛的《尙書》藏在裡面。後來陳勝、吳廣舉起滅秦大旗，戰火四起，百姓東奔西跑，伏生也流落他鄉。秦始皇死了，秦二世完了，他還活得好好的。

等到漢朝統一天下，他回到老家，趕緊去看藏在牆壁裡的《尚書》。但因爲時間太久，竹簡爛的爛，壞的壞。

到漢文帝劉恆時，朝廷越來越重視儒家學說，可惜《尚書》在經歷焚書坑儒的大難之後，蒐集到的多是殘篇。於是漢文帝到處尋求能記錄並解讀《尚書》的人，但問這個，不懂！問那個，也不懂！

誰懂？

有個老頭懂！

漢文帝立即派人徵召伏生。

伏生不幹了：我都九十多歲了，坐馬車一路顛簸，老骨頭還不散架啊？

於是漢文帝派太常（主掌宗廟禮儀）裡最聰明的官員晁錯到伏生家裡，接受「輔導課程」。皇帝千叮嚀萬囑咐，一定要把《尚書》記錄下來並精通。

晁錯來到伏生家，傻眼了：這老頭兩眼昏花，連路都走不好；說話不僅聲音小，還帶地方口音，微臣聽不懂啊！

伏生有個女兒叫羲娥，只有她能聽懂父親說話。於是伏生說，女兒傳，晁錯寫，三人分工合作，搶救了《尚書》中二十八篇瀕臨失傳的文章。因此後人都說：「漢無

下一句是什麼？
蛤？你說什麼？

伏生，則《尚書》不傳；有《尚書》而無伏生，人亦不能曉其義。」

到了漢武帝時期，《尚書》在獨尊儒術的社會背景下成爲熱門學科；歐陽生、夏侯勝、夏侯建三人又成了當時的頂尖專家，創立了「歐陽氏學」「大夏侯氏學」「小夏侯氏學」三大研究學派。他們紛紛招生開課，爲儒學積累了寶貴的文化寶藏，而這一切，都要歸功於那個打著繩結讀《尚書》的學霸伏生。

16

從「藥罐」到「藥王」——孫思邈

唐太宗李世民望著眼前這位老人，真是羨慕嫉妒恨哪！這老頭真的七十多歲了嗎？容貌氣色竟如少年一般，朕要是有他的體魄該多好！

前幾天，已懷孕十個多月的長孫皇后仍未分娩，太醫們都束手無策。焦急的李世民從一名大臣口中得知神醫孫思邈的名字，立刻派人請他進宮。老人診斷病情後，只施了一針，皇后便順利產下嬰兒。

李世民大喜：「老神仙，別走了，朕讓你執掌太醫院。」但老人毫不猶豫地拒絕了皇帝的邀請；唐太宗想封他做官，他又拒絕；賞他爵位，他還拒絕。這老頭到底想要什麼呢？只要他想要的，朕都給！

「只求陛下放老朽回鄉，研究醫術。」老人的回答讓衆人不解。

唐太宗也不強人所難，畢竟人各有志，便依依不捨地放老人回去了。

時光荏苒，長孫皇后去世了，唐太宗也去世了，孫思邈卻還活著。唐高宗找他看病後，覺得效果不錯，便想把他留在都城長安。老頭還是不依，不過這次他推薦了一位徒弟進了太醫院。唐高宗又是賜良馬，又是送宅子的，還把已故公主的宅院賞賜給老人。

官員、文人、王公貴族們也都把他當成神仙來對待，想與他結交。

在壽命普遍比較短的古代，一百多歲的人的確可以當神仙了。永淳元年（西元六八二年），這位據說已經一百四十二歲的老人駕鶴西歸。

「藥王」孫思邈生於動盪不安的南北朝時期。

雖然他很長壽，但小時候的他其實是個藥罐子，經常生病。因爲長年看病吃藥，硬是讓一個小康之家最後不得不住進簡陋的茅草屋裡。孫思邈曾在書中回憶說：「吾幼遭風冷，屢造醫門，湯藥之資，罄盡家產。」（孫思邈《備急千金要方．序》）

雖然小時候遭了不少罪，但他仍忍著病痛，堅持學習，時人稱之爲「聖童」。他學識廣博，精通老莊學說，熟悉佛家經典，當大家以爲他將來會走上仕途時，十八歲的他毅然決然選擇了學醫。

既然那些庸醫治不好我，那就自己救自己吧。他到處蒐集民間驗方、祕方，遍讀古代醫書、典籍，總結為人看病的經驗及前代的醫學理論。他親自上山採藥、深入研究藥物的特性，並明確提出兩百多種中藥材採集的最佳時節。

在大量理論學習與看病救人的實踐中，他對內、外、婦、兒、五官等科都很精通，成了全能型的醫學大師，並開創了中國醫學史上的多項第一：第一位痲瘋病專家，第一位宣導建立婦科和兒科的人，第一位使用動物肝臟治療眼疾的人，第一位治療腳氣病的人，第一位以砷劑治療瘧疾的人，第一位發明導尿技術的人……

儘管我們不懂學霸的世界，卻能享用他們帶來的成果。孫思邈之所以成為「藥王」，不僅是因為他高超的醫術，還在於他高貴的醫德。

他看病不分貴賤、貧富、老幼；不論親疏遠近，皆平等相待；更不會乘人之危索要財物。只要有人生病來請他，他都會盡力出診救治。

因為名氣太大，北周朝廷也曾召他做官，但孫思邈已決定一輩子投身醫學，堅決不接受朝廷的徵召。到了楊堅建立隋朝後，為了不被朝廷頻繁打擾，他乾脆隱居太白山中，一心鑽研醫術。

他一邊為人治病，一邊總結經驗，終於寫成了流芳百世的《備急千金要方》和《千金翼方》兩部醫學典籍。

這是他一輩子看病所累積的經驗，是他長年累月努力鑽研的成果。這兩部作品的問世，奠定了孫思邈的歷史地位，讓他成爲一代又一代人的「偶像」。

第四章

學霸通關三百六十行

17

流浪歌手的養牛經

——甯戚

春秋時期有個年輕人，出身微賤，曾爲人駕車餵牛。他一邊放牛，一邊識字讀書，最終成爲一位學識淵博且養牛技巧高超的人。

年輕人有治國平天下的願望與強烈的進取心，畢竟誰不想有所作爲呢？但在那個時代，既沒有科舉，又無人舉薦，他只能想辦法主動讓大人物看到自己。

他想求見齊桓公，但路途遙遠，沒有盤纏。這時，年輕人在讀書之餘學到的放牛技巧派上了用場。他找到一位要去齊國都城販牛的商人，說：「你帶我到齊國，我幫你照看牛，如何？」商人見有專業的養牛人士隨行，馬上答應了他。經過數日，商隊終於來到齊國都城，大家晚上就在城門外打地鋪。但正好這天齊桓公出城迎接他國使者，所有人都得迴避。

機不可失，時不再來啊，但這種時候衝上去，八成會被當成刺客捅成馬蜂窩……唱個歌總還是可以的吧？

於是年輕人拿起木棍，一邊輕輕敲擊牛角，一邊高聲唱歌：

南山燦、白石爛，中有鯉魚長尺半。生不逢堯與舜禪，短褐單衣才至骬（音「肝」，指脛骨）。從昏飯牛至夜半，長夜漫漫何時旦？（馮夢龍《東周列國志》第十八回）

年輕人把懷才不遇的心境唱了出來，這時守衛們大聲呵斥：「在王駕前嘶聲厲吼，你不想活啦！」

有點意思。歌詞挺有創意的，這流浪歌手滿有才華的！

這首歌成功引起了齊桓公的注意，他扶著隨從的手走下車說：「奇怪啊！這唱歌的人絕非常人。」他命人將唱歌的年輕人請到後面的車子上，跟著車駕一同回宮。大家以爲齊桓公是因爲在他國使者面前不方便發作，才要將年輕人帶回處置。

回到宮中，大臣們問：「該如何處置那名流浪歌手呢？」齊桓公說道：「賞賜給他官衣官帽，我明天見他。」

從昏飯牛至夜半，
長夜漫漫何時旦……
救命啊！

年輕人成功了。八字有了一撇，接下來就看他能否抓住機會了。

第二天，他如願見到了齊桓公。

「你叫什麼名字啊？昨晚唱的歌有什麼涵義嗎？」齊桓公親切地問道。

「小人名叫甯戚，想將自己的想法說給大王聽！」

齊桓公答應了。

甯戚大談治國理政之道，將安內攘外的方針全部告訴齊桓公。齊桓公聽完後，心中竊喜，明天接著談！第二天，甯戚又在治國的基礎上提出了統一天下的戰略。齊桓公笑了，人才啊！他決定大膽起用甯戚。

大臣們不幹了：一個牧童，只不過唱了一首「非主流」的歌，就跟我們平起平坐？大臣們紛紛勸說：「甯戚是衛國人，離齊國只有五百里路，還不算太遠，不如我們先派人去打聽他的底細；如果他確實是個賢能的人，再重用也不晚！」

但齊桓公堅信自己看人的眼光。牧童又如何？流浪歌手又怎麼了？只要有本事就行！他安慰群臣道：「萬萬不可。要是存心去打聽一個人的過往，就容易聽到一些他的小毛病；因為小毛病而否定一個人的才能和美德，往往是君王錯失人才的原因。一個人是很難十全十美的，只用他的長處即可。」齊桓公不愧為一代雄主，他的用人方針為他聚集了一批有能力的官員。

甯戚就這樣搭上了「升職加薪」的直通車。

工作一段時間後，齊相管仲也非常看好甯戚，建議齊桓公立甯戚爲大司田（主管農業的官員）。甯戚當上大司田後，主持開墾農田、興修水利，並興漁鹽之利，獎勵墾荒，薄取租賦。他甚至親赴齊國東部，召集民衆開拓農地，受到當地百姓的愛戴，齊國的農業也因此有了飛躍式的發展，讓國家的財富增加。甯戚還將自己的養牛經驗寫成一部《相牛經》，後來傳到百里奚手裡，讓一名窮困老頭得以在秦國拜相。

甯戚兢兢業業、政績突出，被齊桓公稱爲「齊國之棟梁，君臣之楷模」。可喜的是，政績並未讓甯戚迷失，他謝絕了齊桓公和管仲爲他建造的豪華大宅，仍住在簡陋的茅屋中。能力出衆還如此謙虛淡泊的他，讓主管很放心；齊桓公和管仲帶兵四處征戰時，總是把宮中事務交給甯戚。

有了甯戚、管仲、鮑叔牙這樣的人才，齊國眞正走上了富強之路，讓齊桓公得以成就霸業。後人也常用「甯戚叩角」或「甯戚飯牛」比喻自我引薦而獲重用。

《呂氏春秋．離俗覽》中記載：「甯戚飯牛居車下，望桓公而悲，擊牛角疾歌。桓公聞之，撫其僕之手曰：『異哉！之歌者非常人也！』」

18

囹圄中的自我救贖

——程邈

時間是秦朝，地點是雲陽縣（現今陝西省淳化縣北方）的監獄，一名其貌不揚的犯人落寞地望著窗外的明月：難道我後半輩子就要待在這個鬼地方嗎？怎樣才能出去呢？越獄？根本不可能，抓回來就會被殺頭。立功減刑？要怎麼立功呢？

這位犯人也曾是一名獄卒，做的是文書工作，經常抄抄寫寫，練就一手好書法。可惜他性情耿直，不會逢迎拍馬，得罪了主管，被關進了監獄裡。像他這樣的小人物，即使死在監獄，也沒人會管，他只能想辦法自我救贖。

他每日望著陰冷的牆壁發呆，無事可做的境遇令人發狂。

「嘿，小篆好看是好看，就是筆畫太多，寫起來太慢了！」

「是啊，這麼多文件，什麼時候才寫得完啊！」

某天，監獄裡兩名獄卒的牢騷引起了這名犯人的注意。原來是同行啊！入獄前的他在抄寫監獄文件時，也有過這種抓狂的感受。秦朝以小篆做爲官方文字，雖然實現了文字統一，但小篆的筆畫繁多，抄寫速度快不起來，官員們一天到晚忙得焦頭爛額，抄得腰痠手疼，還無法按時完成任務。既然如此，有沒有辦法發明一套筆畫簡單、書寫快速的字體呢？

這下有事做了，如果眞的能創出新字體，應該也算戴罪立功吧？說不定就不用蹲監牢了。

因爲同是監獄工作人員的緣故，獄卒們還挺支持他的想法，在大家的幫助下，他把流傳在民間的各種簡化字體蒐集起來，與小篆放在一起仔細對比，一字一字加以改進：把小篆裡半圓形轉折的筆畫變成直角方形，並在不改變原有字形的前提下盡量刪繁就簡，去粗取精。經過幾年的摸索修改，他終於針對三千個常用字創造出容易書寫、造型美觀的字體。

他拜託監獄的主管官員將這三千個字獻給秦始皇。

當時沒有紙張，只能用竹簡，檔案都是稱斤論兩的；秦始皇批文件不是一張一張批，而是一石一石地批，光是翻閱檔案就很費勁了，更何況還得用筆畫複雜的小篆在上面批示。

國家剛剛統一，百廢待興，各地的文件都是一車一車拉來的，敬業的秦始皇每天都要批閱到深夜。《史記．秦始皇本紀》記載：「天下之事，無大小皆決於上，上至以衡石量書，日夜有呈，不中呈不得休息。」

皇帝迫切需要高效簡便的書寫方法！因此當他看到呈上來的三千個簡便字體時，秦始皇忽然感受到雪中送炭的溫暖。他仔細看看那些字，結構簡單，筆畫平直，美觀且不失莊重。有意思，眞有意思！

「這種字體是誰造的？」

「稟陛下，是程邈。」

「馬上叫他來！」

「他還在監獄服刑呢……」

「立刻免了他的罪，讓他來咸陽，此等人才豈可讓他在獄中虛度光陰！」

犯人程邈透過不懈的努力，完成了自我救贖，還當上了御史。因爲他在創作字體時仍是監獄的囚犯，所以這種字體稱爲「隸書」，成爲後世廣泛使用的字體之一。

老哥，
皇帝要你去做官！
現在沒空！

19

敢做高級「大忽悠」，不做低級「大騙子」

——安期生

西漢初年流行黃老思想，這種思想的發揚光大源自於兩個人。

其中之一是河上公，也稱河上丈人、河上眞人，他是齊地琅琊一帶的方士，也是黃老哲學的集大成者、方仙道的開山祖師。他爲《老子》作注而寫成的《河上公章句》非常有名，也普遍得到大家的認可和推崇，因此成爲著名學者，許多人紛紛前來向他學習；但遺憾的是，沒人知道他的眞名是什麼。根據東晉葛洪的《神仙傳》記載：「河上公者，莫知其姓名也。」

在衆多學生中，安期生算是河上公的得意門生。他認眞勤勉，認眞研讀老師的《河上公章句》，長年學習《道德經》，終於成爲一代大師。

黃老學說本身就含有養生的知識，而安期生同時也深入學習了《黃帝內經》等醫書，因此成爲養生方面的專家；他自己的身體也確實保養得很好，成了名氣在外的養生大師。

秦始皇曾東遊登琅琊臺，慕名拜訪安期生，與他交談了三天三夜，大有收穫。但秦始皇並不相信黃老學派的治國理念，統一天下的成功經驗告訴他，唯有中央集權才是最可靠的。他最感興趣的其實是安期生的養生之道，畢竟他現在已擁有天下，只求長生不死。秦始皇看著年紀已不小，卻仍面色紅潤、行走如風的安期生，覺得他一定有什麼祕訣。

秦始皇想長生不老，想永遠享受帝王權柄帶來的權威與快樂。爲了達到這個目的，他可以不惜一切代價。於是他把帶來的金銀財寶全都賞給了安期生，希望他能助自己長生不老。

安期生反倒覺得很鬱悶。自己說了半天，但面前這個橫掃六國的人根本不想聽什麼無爲而治的理論，只是想學點長生術罷了。其實他哪裡有什麼長生藥，不過是修養身心之術而已；問題是，眼前這個說一不二的帝王又不能得罪，怎麼辦？

忽悠吧，大膽地忽悠！越怕死的人越容易被唬弄！第二天，安期生封存了秦始皇賞賜的錢財，又送給始皇帝一雙紅玉鞋，並留下一封書信，飄然而去；信上說，自己去海上的蓬萊仙山求道，等求得仙丹再進貢給皇帝。

他這一番操作，沒想到竟把自己包裝成了神仙。秦始皇還眞派人到海上找他，而這也爲許多方士創造了「就業機會」，如盧生、韓終、徐福、侯生等人。

東部沿海地區常有海市蜃樓的自然現象出現，當時的人難以解釋其中的原理，便說那是神仙居住的地方，也給騙子們提供了「忽悠」的土壤。這些人結合神話故事，編造出一個縹緲虛幻的仙界，然後神祕兮兮地告訴衆人，他們曾去過仙界，曾和神仙們打過交道。就這樣，人們把他們看成神仙在凡間的代言人，極力推崇，香火錢則源源不斷地落入騙子們手中，讓他們在凡間過著神仙般的生活。

爲了長生不老，秦始皇在天下初定後，便開啓了五次大規模的尋仙之旅。

安期生明白，求仙不過是妄想，黃老之學並非爲了讓人永生，而是要讓百姓安生。

但秦始皇聽不進去。他太成功了，不但併呑六國，還讓天下人臣服，現在的他一心只求長生。可惜這位後半生執著於追求永恆生命的偉大帝王，終究還是死在了他第五次東巡的途中。秦始皇的貼身宦官趙高說服胡亥、威脅李斯，在沙丘宮經過一番密謀，僞造遺詔，由胡亥繼承皇位；還以秦始皇的名義指責長子扶蘇「子不孝」、蒙恬「臣不忠」，逼迫他們自殺。在確實得知扶蘇自殺後，胡亥、趙高、李斯這才命令車隊日夜兼程，返回咸陽。

此時秦始皇的屍體已經嚴重腐爛，發出一股股惡臭。爲了隱瞞皇帝的死訊，車隊不敢直奔咸陽，而是繼續擺出出巡的架勢，繞道而歸；還把很多鹹魚、鮑魚裝在秦始皇的車上，用魚腥味掩蓋屍體腐爛的惡臭味。

追求長生的秦始皇竟然得此下場，實在可悲可嘆。

安期生自從得到「仙人」的稱號後，就一直隱居著。既然才華得不到施展，不如選一處清淨無人之地隱居，整理學習修行的成果。他堅信，將來某一天，黃老之學會在社會治理中派上用場。

隱居在海邊的他，經常跋山涉水採集草藥，身體非常好，後來被人稱爲「千歲翁」。安期生對秦末頻繁的戰亂已經厭倦，他深知，等到未來戰亂平息後，長年在水深火熱中忍耐著的百姓，需要以黃老思想爲指導，休養生息。

爲了讓更多人相信自己的學說，安期生想到了一個好辦法。齊國自古以來便流行神仙傳說，於是他揉合了道家思想和鄒衍的陰陽五行說，再加上鬼神傳說與求仙之術，將黃老學說包裹在鬼神、求仙的外衣下，增加黃老之學的神祕感，吸引更多人前來學習。

神仙的代言人，誰敢不尊敬？長生之術的發明人，誰不願意追隨？長生求仙這種東西，寧可信其有，不可信其無。於是各地前來向安期生學習的人越來越多，在學習養生之術的同時，也潛移默化地接受了黃老思想。

安期生的名氣越來越大，江湖上關於他的傳說也越來越離譜。有人看到他在海邊吃讓人長生不老的大棗；有人看到他在海上健步如飛、騰雲駕霧，宛如遊龍。在衆人的吹捧中，安期生變成了長生不死、神通廣大的人物。

另一方面，他門下也出了不少學識淵博、有眞才實幹的徒子徒孫。《史記·樂毅列傳》記載：「樂臣公學黃帝、老子，其本師號曰河上丈人，不知其所出。河上丈人教安期生，安期生教毛翕公，毛翕公教樂瑕公，樂瑕公教樂臣公，樂臣公教蓋公。蓋公教於齊高密、膠西，爲曹相國師。」這位蓋公後來幫助漢朝丞相曹參等人推廣無爲而治的政策，讓西漢初年的社會得以快速穩定下來，經濟獲得復甦，百姓安居樂業。

只是安期生做夢也沒想到，他也爲後人留下了大量「高報酬率」的就業機會——方士們紛紛把他當成祖師爺對待，安期生原本「借皮」推廣黃老學說的計畫反倒落空了。方士們並不關心黃老之學的內涵，卻只在皮毛上狠下功夫——借神仙之口欺騙凡人。

其中的代表人物是李少君和欒大。

在漢武帝的一生中，沒有什麼是他想要卻得不到的，唯有一樣東西，那就是壽命。晚年的漢武帝也努力尋求長生之道，四處招募天下懂得道術的方士。

李少君，一個只懂點草藥知識的騙子，他號稱自己在安期生那裡得到了煉丹的祕方，借用安期生的名號招搖撞騙。李少君本來一貧如洗，連煉丹的金石原料和草藥都買不起，還曾對人說：「我又老又窮，就是再賣力氣種田，也湊不上買藥煉丹的錢。聽說當今天子愛好煉丹術。我想去覲見皇帝，求皇帝和我一起煉丹。」

李少君不忘在他的煉丹祕方上註明了「商標」——安期生。

漢武帝立刻召見他。李少君不慌不忙地說：「我在海上漫遊時，曾遇過仙人安期生，看見他正在吃一種長得像瓜的棗子，而且幾百歲的他看來依然如同少年。他說與我有緣，便將煉丹的祕方傳給了我。」

漢武帝半信半疑，不過依然賞賜給李少君很多錢，將他留在身邊煉丹。李少君一躍而成皇帝身邊的煉丹師，雖然仍未完全取得皇帝的信任，但也不可謂不成功。

李少君曾與武安侯田蚡（音「焚」）一起參加宴會，看到與會者之中有一位九十多歲的老人，他覺得表現的機會來了，於是走上前去，請教老人的姓名，然後一本正經地微笑道：「我曾和你的祖父一起在夜裡遊玩宴飲過。當時你還很小，跟你祖父在一起，所以我才認識你。」

大家都覺得不可思議：這個李少君什麼來頭？年紀竟有那麼大了嗎？但看起來不像啊！

還有一次，李少君看見漢武帝的一件舊銅器，便對武帝說：「我知道這件銅器。春秋戰國時，齊桓公曾把它擺在自己的床頭。」漢武帝細看銅器上刻的字，果然是春秋時期齊國的銅器。原來李少君活了幾百年了啊！但他看上去只有五十來歲，且臉色白裡透紅，果然是仙人啊！

皇帝相信了。王公貴族們聽說李少君能讓人長生不老，又得皇帝寵幸，便爭相提著錢財往他家裡送。沒過多久，李少君家裡的金錢便堆積成山，而他也縱情享樂，讓自己成了活神仙。

什麼都有了，也該是時候抽身了。但怎麼做才好呢？學「師父」安期生吧，飄然而去。

李少君勸漢武帝不可縱欲無度，也不宜到處征戰，殺人太多，還把自己長生的「祕方」給了漢武帝，然後假稱自己生病，需要前往仙界調養。

爲了不至於露餡而遭滿門抄斬，李少君上演了一齣「空城計」。他謊稱自己病重，但漢武帝派人去探視時，卻發現李少君不見了，只留下一套衣服。漢武帝後悔不已，恨自己沒向李少君學習更多成仙之術。

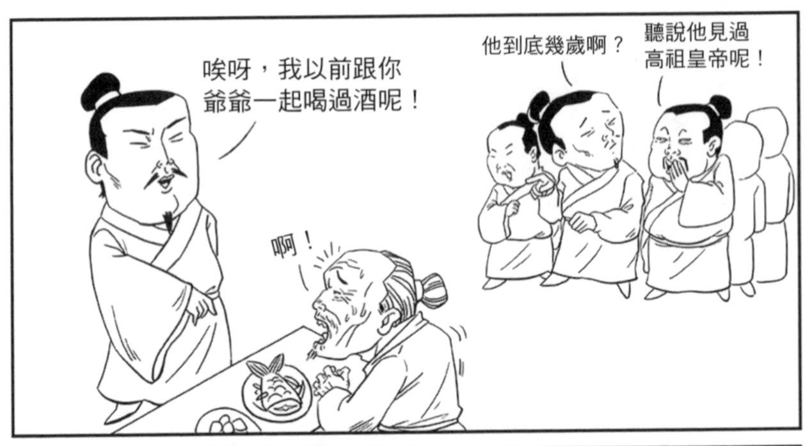
唉呀，我以前跟你
爺爺一起喝過酒呢！
啊！
他到底幾歲啊？
聽說他見過
高祖皇帝呢！

這是齊桓公放在
床頭的東西嘛！
這…？
你！仙人！

見李少君功成名就，許多人前仆後繼，紛紛進獻長生不老術給漢武帝，但並不是每個人都能像李少君那麼走運。

欒大是個膽大的賭徒。他原是膠東王劉寄宮裡的尙方（相當於採購），懂得一些食療知識，善於保養，長得細皮嫩肉、高大英俊。欒大不甘自己只做一介商品採購，又有李少君的成功案例，爲他指明了「奮鬥」的方向。於是他逢人便吹噓：「我經常往來於海上，遇過安期生、羨門高這些仙人，他們覺得我有修行的潛力。可惜的是，他們因我的地位低賤，不太願意與我結交。」謊言說一百次也就成眞了，許多人開始相信他的話；而他也教導大家很多食療保健的方法，確實發揮了作用。

於是他的一位「粉絲」樂成侯丁義，便把他推薦給漢武帝。失去李少君的武帝對自稱見過神仙的欒大委以重任。

神仙嫌他地位低，不願與他結交、傳授道術？這還不簡單？漢武帝立刻封他爲五利將軍，又拜爲天士將軍、地士將軍、大通將軍、天道將軍，爲他會見神仙創造了優越的條件。這還不夠，爲了抬高他的身分，讓神仙不再嫌棄他，漢武帝把自己最喜歡的女兒衛長公主嫁給他，並贈送了豐厚的嫁妝與豪宅大院，還一併把膠東半島最富裕的土地送給他，爲他們舉辦了一場「世紀」婚禮。

有了這些身分，仙人總不能再嫌棄你了吧？安心替朕去找尋神仙，學習仙術吧。

這下子玩笑開大了。欒大原本只想混個官做，沒想到成了皇帝身邊的紅人。事已至此，硬著頭皮也得上。他先用食療、丹藥等招術哄住皇帝，但漢武帝什麼沒吃過，光是食補有用嗎？再說，欒大那點醫術怎能跟宮裡的大夫比？

在漢武帝的催促下，欒大不得不面臨出海的決定。大海波濤洶湧，隨時都有喪命的危險。家裡的金銀財寶怎麼辦？美麗的妻子怎麼辦？

他猶豫不決，嚇得不敢出海。他到泰山上對著大海祈禱，不料皇上派人尾隨他，察看他的行蹤，知道他其實什麼也沒見到。欒大回去後，裝模作樣地說自己見到安期生等神仙，但仙術不是說學就能學的，還需要一個過程。

漢武帝聽完他的彙報，心中的不滿一口氣爆發：這是赤裸裸的欺君啊，看來欒大把他當傻子了！多少人進獻丹藥，但他的身體卻越來越差。這些欺君之人統統該死，該殺！憤怒的漢武帝判處欒大腰斬之刑，這樣還不夠，還判處欒大的推薦人樂成侯丁義棄市（於鬧市執行死刑後，將屍體棄置街頭示眾），讓大家親眼看看不負責任的下場。

安期生的本意是用神祕的包裝來推銷貨真價實的黃老思想，卻怎麼也沒想到，後世竟有這麼多人掛羊頭賣狗肉。「學霸」跟「學渣」的差別還是很大的，治國思想不能與單純的欺騙畫上等號！

20 我在古代當科學家——陳旉、賈思勰、宋應星

宋朝的官員俸祿豐厚，社會地位高，那時的讀書人可說是活在最美好的時代。

科舉放榜之日，榜單下總會聚集不少富豪鄉紳，打算在新科進士中挑選乘龍快婿，「榜下捉婿」因此成爲宋代的一種婚姻文化，「書中自有黃金屋，書中自有顏如玉」可說半點不差。那時候，不知有多少文人前仆後繼地撲向考場，讀書彷彿就是爲了當官。

但南宋時期，在眞州（今江蘇省儀徵市）的西山，有個知識淵博的人自稱「西山隱居全眞子」，他並未參加科舉考試，而是隱居在西山當個農夫。

他自幼博覽群書，擁有神童必備絕技——過目不忘。諸子百家學說無一不精：對神話、歷史爛熟於心；對算術、農學也頗有造詣。他經常爲人們講解書中的知識與道

理，口若懸河，引人入勝。這樣的才子不去參加科舉，時人都爲他感到可惜。

他除了在田裡種植水稻、在家中植桑養蠶外，還在院子裡開墾了一塊空地，用來培育草藥。他比陶淵明高明的地方在於，不僅隱居世外，還能利用農產品賺錢養家。晴天時，他在野外耕種；雨天時，他在窗下讀書；白天觀察作物，晚上挑燈寫作，過著頗令現代人羨慕的田園牧歌式生活。

一輩子未出山的他，在七十多歲的高齡寫成了一部農學奇書——《陳旉（音「敷」）農書》。他就是南宋的陳旉，書寫成時，他已經七十四歲了。

這是我國現存最早記載江南地區農業生產技術的農書。它第一次將養蠶做爲農業技能中的一項重點來講解。短短一萬兩千餘字裡，濃縮了陳旉畢生思想的精華，詳細講述了水稻育種與種植的技術，並開創性地提出在池塘堤上種桑、在塘裡養魚，再以池水灌溉稻田的農業模型，這是很現代化的農業生產理念：農漁並行，同時發展副業，循環利用資源。

還有一部農書也相當具有傳奇色彩，從綜合養殖到小吃技能培訓；從物流運輸到開源節流小技巧，應有盡有。你想到的、沒想到的裡面都有，完全可稱是古代農民創業手冊；全書約十多萬字，不但有嚴謹的結構，分類也很科學，成爲後世多部農書的參考典範。

這部書籍的作者也有些傳奇色彩：好好的官不做，卻辭職去種田。

他出身書香門第，一家好幾代都是學霸。成年後，他憑藉良好的家學進入官場，最高曾做過太守的官。人家是趁出差順便旅遊，但他出差、調職是爲了考察各地的農業生產。每到一處，他都會放下身段，向經驗豐富的老農民請益：「大叔，這是什麼品種？」「大嬸，這個怎麼養？」

他才不是作秀表演。爲了掌握養羊的技能，他曾自掏腰包買了兩百隻羊，親自飼養。他一方面認眞閱讀研究前人的農學典籍，一方面又搜羅大量的農諺歌謠、蒐集各地的生產經驗。爲了向有經驗的老農民求教，他甚至經常住在村裡的茅草屋中。

技術、經驗、本事都有了，他揮一揮手，告別了官場，回到了家鄉。回鄉後，他親自耕種，不僅解決了全家的溫飽問題，還把自己的經驗傳授給鄉里，讓村裡的百姓也能改善生活。

他將自己畢生所學寫成了《齊民要術》一書。這是我國現存最完整的大型農業百科全書，受到後世歷朝歷代皇帝的重視。

這位辭去官職、到農村創業的神人就是賈思勰（音「協」），他是南北朝時期北魏青州益都（今山東省壽光市）的傑出農學家。

到了明朝，有位學霸也是一邊當官，一邊研究農業，還寫了一本更神奇的書。

他自幼在私塾求學，聰明強記，不過幾歲就能作詩。但由於八股文太枯燥，他反而對天文學、聲學、農學、醫學及工業製造產生了極大興趣。

十五歲那年，他聽說宋代沈括的《夢溪筆談》寫得很有趣，希望能讀上一讀；但問來問去，周圍沒人有這本書。人們都不解：讀這本書對考試有幫助嗎？應該是閒到沒事幹才會這樣吧。

一聽說鎮上的書鋪剛購進一批新書，他便急匆匆趕去。但找來找去，書架上都只有經典暢銷書，沒有《夢溪筆談》。

店主像看怪物一樣上下打量這位少年，說道：「那種書誰要看啊？進了貨也賣不出去啊！小伙子，我看你還是買幾本儒家經典回去讀讀，將來考個功名吧。」

少年垂頭喪氣地離開了。衆人笑我太瘋癲，我笑他人看不穿哪！

他一邊低頭走路，一邊嘆氣：什麼世道，好書都沒人讀。

「哎唷！是誰啊？」

他不小心撞在前面一位米粿小販身上，米粿撒了一地。少年連忙道歉：「對不起，對不起，我來幫您撿！」

哎呀，這不正是《夢溪筆談》嗎？用來包米粿的廢紙上赫然印著《夢溪筆談》的內文。少年趕緊問道：「您這是從哪裡得來的啊？能賣給我嗎？」

「你說這廢紙啊？賣什麼賣，你要的話，送給你就是了！反正也是清早路過南村紙漿店時，向店老闆討來的。」竟有人如此癡迷於書，小販感動了，馬上從籃子裡拿出幾頁破書。正是《夢溪筆談》沒錯。

少年如獲至寶，卻發現少了半部。他對小販道謝後，飛快跑到紙漿店，不料那後半部書已經和其他舊書一起拆開泡入水中，準備打成紙漿。

少年趕緊拿出身上僅有的錢求老闆：「求求您，把《夢溪筆談》從水池中撈上來，這錢給您。」

老闆被少年的求知精神感動，從水池裡撈出拆散的書頁，送給了少年。

回到家，少年耐心地把書頁晾乾，重新裝訂。

這個故事的主人公就是宋應星，明朝著名的科學家。儘管他做官後，一直在各地來回奔波，卻始終沒放棄自己的愛好，也就是鑽研各項學問。後來，他寫成一部比《夢溪筆談》更全面的書，名為《天工開物》，被譽為「中國十七世紀的工藝百科全書」。

陳旉農書
想了解循環經濟，
就要看這本！

這本才是真·
農業百科！
齊民要術

天工開物
工藝技術盡在此書！

21

人才應該被尊重，而不是被利誘

——夏統

晉朝有個怪人：他幼年喪父，家裡一貧如洗，對相依為命的母親非常孝順。為了生計，他經常在山上尋找乾柴與食物，或到田裡撿點螺、到海邊拾點貝類什麼的。他每天很早就出門，很晚才回來。在這樣的條件下，他仍堅持讀書，並逐漸變得善於辯論。在到處都是文盲的古代，這樣的人是極其罕見的。親戚們為了以後能沾點光，紛紛勸他出仕：「你孝順、正直、有才學，可以結交官府的人啊。不依附他們怎麼能富貴呢？何必在窮鄉僻壤中隱居呢？你眞的打算在窮困中度過一生嗎？」當時沒有科舉考試，只有攀上達官貴人，才能獲得進入官場的機會。

但他卻生氣地說道：「話怎能這樣說呢？假如生在太平盛世，倒是可以跟那些正直有才的人一起為官；但如果遇到黑暗的時代，我寧願像屈原那樣自沉江底，也絕不與貪官為伍。如果處於不好也不壞的時代，我會像長沮和桀溺一樣隱居，哪能在朝廷裡委屈求生呢？你們這些人不懷好意，像蒼蠅一樣在我耳邊嗡嗡作響，不煩嗎？」親戚們滿臉通紅，從此再也沒人勸他做官了。

後來母親病重，他於是前往洛陽求醫問藥。某次他在船上曬草藥時，正好遇上洛陽城的王公大臣們乘著華麗的車馬，帶著漂亮的女子高調出遊。老百姓都出來看熱鬧，指著那些王公貴族的衣服和飾品等嘖嘖稱奇，他卻一點也不稀罕，繼續淡定地曬他的草藥。這時太尉賈充正好路過，見此人如此鎮定，應該不是等閒之輩。於是站在自己的船上問道：「喂，你叫什麼名字啊？」

他瞥了賈充一眼，沒有搭理，繼續幹活。賈充的僕人們正要喝斥，賈充卻擺擺手阻止了，又問了一遍：「請問，你叫什麼名字啊？」

聽到對面的人這次說了「請問」兩個字，他這才抬起頭、望著賈充：「我是會稽人夏統。」

「喔？會稽人？那你能說說會稽是個什麼樣的地方嗎？」賈充想試試這個怪人有沒有眞才實學。這年頭的怪人，要不就是有本事，要不就是精神有問題，要不就是沽名釣譽之輩。眼前的人會是哪一種呢？

夏統不慌不忙地說：「會稽的人彬彬有禮，有大禹時代的遺風，有泰伯（周太王的長子）時代的仁義和謙讓，有嚴遵（西漢道家學者）先生所具備的高亢志氣，有黃公（秦末著名隱士）所表現出的高風亮節。」賈充滿意地點點頭，又問道：「你住在海邊，應該很識水性，撐船的技術如何？」

夏統沒再多言，逕自跳上小船，撐起一根長長的竹竿。只見小船像一條大魚在風大浪高、雲遮霧繞的洛水上穿行，他則有如神仙般飄在忽隱忽現的船頭，鎮定自若。

「高，實在高！」賈充心裡讚嘆，又問道：「剛才聽你說話的聲音中氣很足，你會唱家鄉的民歌嗎？」

「這有何難？」夏統說著，用腳在船上打著拍子，便唱起歌來。他的聲音清越高昂，彷彿電閃雷鳴、風捲沙塵，大家都以爲暴風雨來了，嚇得紛紛喊停。衆人皆感慨道：「如果不來洛水遊玩，怎能見到這樣的神人？」

賈充對夏統非常滿意，心想：這樣的人若不爲我所用，豈不可惜？便繼續問道：「你願意出來做官嗎？」夏統低著頭不說話，也許在考慮，也許在猶豫。

賈充指著車隊與美人們沾沾自喜地說：「你看這威武整齊的儀仗，看那些豔麗漂亮的女子，如果你願意到我身邊來做官，就可以指揮這些軍隊、乘坐華美的車子、擁有溫柔的美人，到時會有多少人羨慕你啊！」

要不要
來做官啊？
哼！
我才不要！

「我就那麼膚淺嗎？不去！」聽到賈充的話，夏統反倒嚴詞拒絕了。人才應該被尊重，而不是被利誘。

賈充無法理解夏統的想法，只能嘆著氣說：「此吳兒是木人石心也。」（《晉書．夏統傳》）

夏統的才學遠近聞名，儘管他一生有許多入仕的機會，但他不願與當時的官員們沆瀣一氣，選擇獨善其身。夏統的高風亮節讓他青史留名，載於《晉書．夏統傳》中，這種精神直到今天仍很值得我們學習。

22

廚娘的餐桌學問

——蕭美人、宋五嫂

「去，趕緊到儀徵南門的蕭美人那裡買八大點心過來，跟她說是我安排的！」清朝「食聖」暨著名詩人袁枚吩咐家人道。

到底是什麼東西，讓嘗盡天下美食的他如此掛念呢？

袁枚在《隨園食單》中這樣大讚蕭大美人做的點心：「儀徵南門外，蕭美人善制點心，凡饅頭、花生、瓜子、糕點之類，小巧可愛，潔白如雪。」這次他要購買蕭美人的八大點心，包括花生酥、瓜子酥、各式糕點等共計三千件，準備用船運到南京江寧。

詩人趙翼也曾日夜趕路，星月兼程，就為了吃口蕭美人的點心，當然也順便欣賞蕭美人的盛世美顏。

蕭美人是誰呢？

她出生在乾隆年間，住在江蘇省儀徵城南。父親開了兩家糕點鋪，主要做饅頭、包子、糕點、茶點。年輕時，蕭美人便已是遠近聞名的大美人，她天生麗質，成爲儀徵城裡最美的一道風景；漸漸的，大家忘了她的眞名，只稱她爲「蕭美人」。甚至有文人爲了奉承她，特地爲她寫了詩：「昔年丰姿，面如夾岸芙蓉，目似澄澈秋水。」

紅透半邊天並未讓蕭美人迷失自我。她明白容顏終將老去，只有技術永不過時。身爲獨生女的她時常在店裡幫忙，耳聞目睹了師傅們製作點心的過程，並將各種配方牢牢記在心裡；有時她也會嘗試做一些新奇的糕點。長大後，提親的人踏破門檻，務實的父親挑選了一名忠厚老實的落魄書生爲婿，她欣然接受，婚後夫妻十分恩愛。

只可惜，二十五歲那年，鄰居家的一場火災殃及她家，父母喪生火海，丈夫也因此殘廢。原本幸福安逸的家沒了，維持生計的店也沒了，養家重擔壓在她一個人身上，她必須站起來才行。

蕭美人不得不來到街上擺攤賣糕點。爲了吸引顧客，她在糕點的製作上做了些創新：在米粉、糯米粉裡摻入果泥、核桃仁、瓜子仁、松子仁和麻油，再加上適量的糖，和成麵糰，妝點一些紅綠梅子絲，再放到蒸鍋上蒸熟。做出來的糕點既好看又好吃，一時之間風靡大江南北。

蕭美人不僅糕點做得好，美貌也是一塊金字招牌。精緻美味的糕點配上美廚娘，這家小店立刻在文人雅士、王公貴族們的社交圈裡爆紅，大家紛紛前來購買品嘗；就連乾隆皇帝都被驚動了，特地命人訂製兩千份蕭美人的點心以賞賜後宮嬪妃。

原本的揚州知府謝啓昆後來升任山西布政使，臨赴任時也跑去小店湊熱鬧。但他沒想到，即使到了傍晚，來買糕點的人仍大排長龍，不禁作詩一首：「綠楊城郭蓼花津，飳飣（音「豆丁」，指堆起來的食物）傳來姓字新。莫道門前車馬冷，日斜還有買糕人。」

講完糕點的故事，接下來要講的是一個關於魚的故事。

「好吃的魚羹，快來嘗嘗啊！」一個溫柔又帶有磁性的聲音，飄進身在西湖遊船上的宋高宗耳裡。

「咦？開封口音？」叫賣者的口音裡有明顯的開封腔。靖康之變後，宋朝的首都從開封搬到臨安已有些年頭了；只是一聽到老鄉的聲音，高宗怎麼都坐不住，那親切而悠長的吆喝聲，喚醒了他關於家鄉的記憶。

聲音從西湖邊的一家小酒館傳出來，門口站著一位中年婦女，頭裹紅絲巾，身穿

下班啦！
還這麼多人啊！
糕點

碎花衣，白淨的臉上微微冒出幾點汗，臉色紅潤有光澤。

「聽說這一帶有不少好吃的特色菜，陛下如果喜歡，小的讓她過來？」一旁的太監看懂了皇帝的心思。

宋高宗微微點點頭。

很快，太監帶著中年婦女來到遊船上。那女人緊張地跪下來，喊道：「萬歲萬萬歲！」

「平身，平身，不必拘束。聽妳的口音，是開封來的？」

「是的，民女原籍開封，早年南遷到臨安，在西湖邊開了家小酒館。」婦人小聲地回答。

「喔？那妳這邊有什麼好吃的？朕正好有點餓了。」

「民女最近剛學會一道魚羹湯，大家都說味道好！」

「好啊，給朕做一份吧。」宋高宗來了興致。

魚羹不一會兒就端上來了，羹湯色澤油亮。宋高宗嘗了一口，只覺得鮮嫩滑潤，味似蟹肉。「嗯，很好，很好！」宋高宗一邊吃，一邊點頭，這道魚羹巧妙地融合了開封菜與臨安菜的精髓，讓他龍顏大悅。

「來人，賞！」宋高宗賞了婦人百兩銀子。

這位婦人名叫宋五嫂，「宋嫂魚羹」從此成爲這家小酒館的招牌菜，前來品嘗的人絡繹不絕。

皇帝的認可讓她信心倍增，她開始專心研究新菜式。她試著改變臨安當地清湯魚的做法，用略醃製過的草魚爲原料，以醋做爲主要調味，佐以生薑、大蒜、白糖、鹽、蘿蔔絲等配料，燒成一道色澤紅亮的醋溜魚。用這種方法做出來的魚，肉質鮮嫩，酸甜清香。

這就是名菜「西湖醋魚」的由來。

宋五嫂和蕭美人都是善於創新的廚娘，應了「三百六十行，行行出狀元」這句話。我們所理解的學霸，不應該只是解題專家，凡是能在一個領域潛心鑽研、做出成績的，都是我們的榜樣。

23

不只當一名好工人，更要當一名巧職人——喻皓

「這傢伙躺在地上幹什麼？」

「該不會是腦子被撞壞了吧？」

「別去扶他，萬一他賴上你怎麼辦？」

一群人圍著一個躺在地上的大漢指指點點。只見那大漢躺在地上，眼睛動也不動地望著相國寺。

過了好一會，他才意識到周邊圍滿看熱鬧的人，於是站起來，抹了抹臉上的泥巴，轉身走了。

他的名字叫喻皓，是五代末北宋初的浙東人。由於他出身卑微，沒錢上學，沒念

過什麼書，很小就去學習木工技巧。他勤於思考，善於向別人學習，不論走到哪裡，都會仔細觀察當地建築的特點。

北宋統一天下後，大肆拆遷重建，需要大批技術人才，喻皓就這樣從杭州來到了京城開封。開封城裡有一座唐朝時建造的相國寺，周圍熱鬧非凡，有字畫銷售、小吃美食、雜耍表演、妓院酒肆……稱得上是京城的中央商業區，但喻皓只對相國寺門樓上的飛簷感興趣。

飛簷是傳統建築中經常出現的樣式，常用在亭、臺、樓、閣、宮殿、廟宇等建築的屋頂轉角處。這樣的設計不僅美觀，還可以擴大採光面積、排除雨水。

這麼巧妙的構造是怎麼搭建出來的呢？喻皓非常想弄清楚，於是他一有空就往相國寺跑，站在相國寺門樓底下仔細觀察研究。站累了，就坐在臺階上繼續看；脖子痠了，就一動也不動地躺在地上看。大家對他怪異的舉動指指點點，不敢靠近他；但他不顧旁人異樣的目光，一邊思考，一邊畫圖；回到家裡後，又用小木塊嘗試搭建相國寺門樓的模型。

除此之外，他還把自己日常觀察到的各類建築與心得記錄下來。木工做到這個地步，想不封神也難。

當時的木工技術主要靠師父口傳心授，並沒有專業書籍來總結經驗，許多技術得不到交流和推廣，漸漸就失傳了。喻皓覺得有必要把歷代工匠的巧思編著成書，並在晚年時寫成《木經》三卷。可惜在注重儒家學說的時代，喻皓的書籍根本上不了大雅之堂，沒有多少人在意，導致《木經》失傳，而喻皓的事蹟也只是偶爾被人提起罷了。歐陽修曾在《歸田錄》一書中稱讚他是「國朝以來木工一人而已」，可見他的技藝有多高超。

這正是典型的職人精神。身爲知名的木匠，喻皓尤其擅長設計多層寶塔和樓閣。當時宋太宗想建造一座十一層高的木塔，以供奉佛祖舍利子，於是從全國各地抽調了一大批能工巧匠到汴梁；名聲在外的喻皓也成爲這項皇家工程的「設計總監」。

爲了造好寶塔，他先用木塊等比例造了一個模型，但當時的另一名設計師郭忠恕提出，這個模型逐層收縮的比例不對。喻皓重新計算模型的尺寸後，發現郭忠恕果然說得對，仔細修改後，才開始動工興建。

在衆人的努力下，歷經七年，寶塔落成，成爲當地的新地標，這也正是歷史上有名的開寶寺木塔。

可是大家來欣賞木塔的時候，卻都發現：塔身怎麼微微向西北方傾斜呢？萬一倒了怎麼辦？

有些嫉妒他的人因此惡意攻擊，但喻皓不慌不忙地回應道：「京城地勢平坦，

就連風能吹正塔身
也在我的計算之內！

周圍無山，常年颳西北風。我有意讓塔身微向西北傾斜，為的是抵抗風力。預估不到一百年，塔身就能被風吹正。」他自信地拍著胸脯說：「這絕不是黑心工程，寶塔的壽命起碼能維持七百年。」

喻皓在當時的條件下，能結合當地的環境與氣候，做出周密的設計，非常了不起。遺憾的是，木塔造好後，過度勞累的喻皓竟然就這樣去世了。

24

讓近視眼鏡變得平價的第一人——孫雲球

「唉，眞的老了，眼睛常常看不清楚啊。」

董如蘭是位有知識的婦女，丈夫孫志儒曾做過福州、漳州知府，家境還算不錯。自從丈夫去世後，家裡只剩她跟兒子相依爲命。既沒剩多少積蓄，又遇到明清交替的亂世；既要爲生活操心，又要教兒子讀書識字，她的生活過得異常艱苦。

但她最近發現：看東西時有種越來越模糊的感覺，讀書也備感費力。

唯一令她欣慰的是，兒子孫雲球不但懂事，也很聰明，非常勤於學習，尤其喜歡鑽研數學、測量、演算法等知識，時不時還會利用木塊、石頭搭建一些稀奇古怪的模型。在當時，孫雲球這樣的人屬於異類，讀書人都喜歡詩詞歌賦，數理科學屬於沒人關注的冷門學科。

好在董如蘭並不強求兒子一定要做官，只要有一技之長能養活自己就好；畢竟學習知識並不一定就是爲了做官。

這時，從山上採藥的兒子回來了，手裡還拿著一顆水晶石。只見他專注地觀察這顆石頭，一下子拿它對著太陽看，一下子又拿它對著手掌看。

「娘，您來看！」孫雲球興奮地喊道。「這是什麼？」

只見孫雲球正拿著水晶石對著書，透過那晶瑩剔透的石片，書上的字變大了，眞有趣。

「娘，以後我給您做一副眼鏡，您就能看清楚了。」

在那個時代，眼鏡是舶來品，更是眞正的奢侈品，很少有人家能用得起。眼鏡在宋朝文獻裡早有記錄，像是宋朝的趙希鵠在《洞天清錄》中記載：「靉靆（音「愛戴」），老人不辨細書，以此掩目則明。」而「靉靆」其實就是比較原始的鏡片。到了明朝，已有眼鏡從西洋舶來的記載，在當時仍然是罕見的物品。明朝嘉靖時期的郭瑛在《七修類稿》中寫道：「聞貴人有眼鏡，老年觀書，小字畢見，誠世寶也。」清朝趙翼在《陔餘叢考》中記載：「古未有眼鏡，至明始有之，此物在前明極爲貴重，或須自內府，或購自賈胡，非有力者不能得。本來自外洋，皆玻璃所制。」

到了明朝末期，杭州成爲早期的眼鏡製作中心，但貧窮人家還是買不起。孫雲球聽說杭州有許多技術高超的製鏡師傅，便想去學習。

母親答應了兒子的請求，她認爲，只要肯學習鑽研，不論做哪一行都有前途。

孫雲球就這樣從吳江來到了杭州，這裡有許多製作眼鏡的工坊，他也成了工坊裡的學徒。

學霸就是與衆不同，孫雲球年少時所讀的書在這裡派上了很大的用場，他在製作眼鏡的過程中結合了幾何、物理、數學等知識，很快掌握了「磨片對光」的技術，開創性地以水晶材料磨製鏡片，富有創新精神的他很快就成了全杭州最厲害的鏡片加工師傅。

創新是永無止境的。孫雲球考慮到學徒以手工磨鏡片容易損傷材料，於是又研製出磨製鏡片的「牽陀車」，實現了鏡片製程的半自動化。

儘管技術已可謂爐火純青，孫雲球仍覺得自己的水準還需要提高，又向許多不同領域的大師請教；例如他向杭州的陳天衢學習光學，向蘇州的薄珏學習物理知識。有了積蓄後，他便開了自己的店，這樣一來，就更便於深入研究了。孫雲球還經常召集鏡片相關領域的專家與高級技工，到蘇州舉行「學術研討會」，一邊遊玩，一邊討論研究新技術。

他將光學知識、打磨技術與蘇州地區雕琢玉石的工藝相結合，成功磨製出各種凹凸透鏡，又利用水晶石磨製成存目鏡（相當於簡單的顯微鏡）、萬花鏡（相當於萬花筒）、放大鏡、夜明鏡、千里鏡（望遠鏡）等各類光學鏡片。

他的好友文康裔在〈讀《鏡史》書後〉中寫道：「其遠鏡尤爲奇幻，偕登虎丘巔，遠觀城中樓臺塔院，若招致幾席，了然在目；（中略）神哉！技至此乎！（中略）先生資我披覽誦讀者，殆錫我以如意珠也。悉之有數十種類，各有不同，而功用亦迥別。」

文康裔有很深的近視，孫雲球曾和他一道登上蘇州虎丘山，用自製的望遠鏡眺望；透過鏡片，他清晰地看到蘇州城內的樓臺塔院、樹木花草。文康裔不禁感嘆：眞是神人哪！

要讓奢侈品成爲普通百姓用得起的產品，就得讓大眾掌握核心技術。孫雲球根據自己長期的實踐與研究，寫了一本關於製作眼鏡的書籍《鏡史》，讓各商家能依據書中的方法製作鏡片，生產效率大大提高。清代任兆麟所編纂的《虎阜志》中記載：「令市坊依法製造，鏡遂盛行於世。」鏡片的價格自此變得平易近人，就算是普通老百姓也能買得起。清代的葉夢珠在《閱世編》中寫道：「順治以後價漸賤，每副

值銀不過五六錢。近來蘇杭人多製造之，遍地販賣，人人可得，每副值銀最貴者不過七八分，甚而四五分，直有二三分一副者，皆堪明目，一般用也。」

孫雲球的母親還親自爲《鏡史》作序，只可惜，這樣的書籍與技術並未被當時主流知識分子重視。

學霸不僅僅是考試專家，只要在自己所屬的領域中精耕細作，成爲技術高超的專家、造福人民，就能獲得社會的認可。

25

他的一小步，讓別人飛出一大步

——郭雲深

「又要開始了！」

「快，快過來看！大俠又要練功啦！」

清朝末年，一間昏暗的監獄裡，獄卒、罪犯們的雙眼都緊盯著一名身材矮小，但身材結實的漢子。

那人鬍子很長，正雙拳緊握、氣定神閒地運著力；而他的脖子上戴著枷，腳上也拴著鐵鏈。

拳法看起來並不複雜，就只是重複幾個基本動作，但他做起來卻似有千斤般的力道。

他從腰部發力，接著手腕後撤、用力蹬腳，再轉動身體；前腳前行一步，後腳便緊跟一步，但始終不超過前腳，繼而猛揮出拳。他出拳快，用力猛，如利箭穿心，如山崩地裂；出拳時還能聽到「呼呼」的風聲。

他幫自己剛研究出來的拳法取了個名字——半步崩拳。

此人名字郭雲深，他是河北深縣馬莊人，從小就喜歡武術，因為家裡太窮，無法跟隨拳師學習，只能到處遊蕩，邊走邊打零工，順便拜訪武術名師。他聽說易州西陵的劉曉蘭先生拳法厲害，於是前去拜訪。兩人交手後，劉曉蘭感嘆：「英雄出少年，我教不了你。」便引見郭雲深去見自己的師父孫亭立。孫亭立擅長八極拳，屬於短打拳法，動作簡單直接、剛猛有力。

孫亭立見郭雲深是塊練武的好材料，且為人正直，便將拳法全部傳給了他。幾年時間過去，看著有明顯進步的徒弟，孫亭立覺得自己已經沒能力教他了，於是推薦他去找「形意拳」的祖師爺李老能先生。

李老能本名李洛能，他可是個傳奇人物：原本就有功夫底子的他在山西經商時，發現當地有一派戴氏心意拳，他對此很有興趣，於是留下來拜師學藝。經過十年學習，他大功告成，從此打遍天下無敵手，和當時的八卦拳董海川、太極拳楊露禪坐上了武術界的頭三把交椅，並寫了一本書，叫《形意拳譜》。

大俠又要練功啦！

郭雲深跑到李老能先生那裡虛心求教。李老能有座大菜園，郭雲深在這裡挑糞種菜、耕田犁地，什麼都幹。每天都練拳練到過度勞累，就連睡著後從床上摔下來也都沒醒，因爲眞的太累了！

郭雲深的勤奮努力引起師父李老能的注意，並讓他很感動：此人雖然相貌平平，但意志力卻是衆多徒弟中最堅強的，假以時日，此人必能成功啊！於是他將自己畢生所學毫無保留地教給了郭雲深。

在李老能先生這裡學成後，郭雲深到富貴人家教授小孩武功，日子過得有模有樣，直到一名街頭混混出現。

這名混混仗著自己有些武藝，帶著一幫小弟橫行鄉野，欺壓百姓。嫉惡如仇、血氣方剛的郭雲深上前理論，但對方不聽勸告，反而動手動腳，罵罵咧咧地說：「你小子新來的啊？找死嗎？」

面對咄咄逼人的地痞，郭雲深只出了一招。咦？我沒怎麼用力啊！怎麼就斷氣了呢？唉，這三腳貓功夫還想橫行鄉里？我還眞倒楣！

就這樣，郭雲深惹上了人命官司。不過他殺人並非故意，又是爲民除害，因此只被判了三年。在牢房裡的他也閒不住，每天戴著鐐銬練武，於是出現了開頭的這一幕。

出獄後的他聲名大震，武林同道紛紛前來切磋。大家發現，這小個子看起來雖不起眼，一旦出手，卻有如雷霆之勢，經常一招就能打得對方飛出數十步。一時之間，郭雲深名揚四海，得了個「半步崩拳打遍天下」的名聲，很多人慕名前來拜師學藝。

此後，他隱居鄉間，教授門徒，並對形意拳進行了系統性的研究和總結，寫了一本流傳甚廣的書——《能說形意拳經》。

第五章

公子們有多努力，你想像不到

26

遠古的歌謠，至今仍能傳誦不朽

——尹吉甫

西周時期，周厲王繼位才沒多久，馬上就暴露了本性，在荒淫、昏庸的道路上越走越遠。他這麼能玩，把國庫玩空了該怎麼辦？

帝王的荒淫給了小人表演的機會。榮夷公說：「這好辦！您只要下一道簡單的命令即可：不論王公大臣還是平民百姓，不論他們是採藥、採礦、冶煉、砍柴、放牧、捕魚蝦、射鳥獸，甚至是喝井水、過城門，統統要納稅！」

這個主意好！錢財定會滾滾而來！周厲王立刻採納了榮夷公的建議。

這時，有人對此命令感到不以爲然。

召虎出身名門，是周召公的後代，後世也稱他爲召穆公。雖然身在名門望族，但他勤於學習，學富五車。眼看周厲王荒淫無度，他特地寫了一首詩歌來勸誡周厲王，後來被收入《詩經》中，題爲〈民勞〉，反映黎民百姓疾苦，勸君王向善。

但周厲王不愧是昏君，依然我行我素。

衣食住行都要繳稅，百姓們實在受不了，於是用歌曲來反映內心的不滿，其中一首便是〈碩鼠〉：「碩鼠碩鼠，無食我黍！三歲貫女，莫我肯顧。逝將去女，適彼樂土。」

召虎見民不聊生，情況危急，於是又寫了一首〈蕩〉，繼續勸諫周厲王。

什麼？老百姓還敢唱歌諷刺我？看我怎麼收拾他們！

周厲王組成「間諜」小隊，暗中蒐集那些指責者的資訊，誰要是敢亂說話，就讓誰死。

從此，百姓不敢再多言，就算在路上遇到親戚朋友，也只是點頭示意。周厲王得意地對召虎說：「你看，我多厲害，老百姓再也不敢抱怨了。」

雖然百姓沒有了話語權，但內心的憤怒仍在積蓄；就像火山，能量積聚到一定程度，就會噴湧而出。召虎對局勢看得很清楚，他苦心勸誡周厲王：「您這麼做堵住的是嘴，卻堵不住心。堵住了百姓的嘴巴，就好比堵住了河流；河流一旦決口，便會如洪水般席捲全國。治水得靠疏通河道，治理百姓要靠開導；讓他們暢所欲言，政府才

交稅！交稅！
碩鼠碩鼠，
無食我黍！

能知道政策是否正確。百姓的議論簡直就是寶貝啊！」

我不聽，我不聽！周厲王的頭搖得如同波浪鼓。

火山終於爆發了，都城鎬京（今陝西省西安市）的百姓聚集起來，拿著鋤頭、砍刀、凳子、木棒等武器包圍了王宮。周厲王火速抱起幾樣財寶，跑得無影無蹤。

大家的怒火無處發洩，便將矛頭指向太子。憤怒的民眾殺向藏著太子靜的召虎家，高呼「交出太子」。召虎的兒子挺身而出，當了太子的替身代他受罰，總算平息了暴亂。太子靜在召虎的教育下長大，學到不少本領，最後順利繼位，也就是後來的周宣王。

在周厲王下落不明、周宣王未成年時，召穆公與周定公共同執掌國政，史稱「周召共和」。召穆公鼓勵史官獻書，以警示群臣與君王，並疏通了百姓的議論管道；征服周邊諸侯國時，堅持不擾民、不殘殺的原則，以武力爲輔，教化爲主，讓許多諸侯國對周朝稱臣。

周宣王在召虎的教育下繼位，任用了一批賢能的人，如仲山甫、程伯休父、虢文公、仍叔、張仲等人，原本在周厲王手中氣數將盡的周朝因此出現了復興的氣象，史稱「宣王中興」。

因爲重視民間輿論，周宣王時期還出現了一位擁有貴族出身、「德智體」兼備的

「三好學生」，編寫了一部影響後世千秋萬代的傳奇作品。

此人本來是諸侯小國尹國的君王，因為他成績突出、文武雙全，被推舉到中央做官。當時北獫狁（音「險允」）入侵，眼看就要打到家門口，周宣王大手一揮：「『三好學生』，就決定是你了！」要此人奉命討伐獫狁。獫狁人聽說過他的名字，見他帶兵出征，索性放棄攻擊，直接掉頭走人。周朝現在人才滿滿，不宜強攻啊！

周宣王很高興，封「三好學生」為太師，主要負責宮廷禮樂。由於這個職位需要以歌謠形式反映底層百姓和各級官員的意見與聲音，讓藝術成為施政的參考，所以很要求創作能力。太師底下有專門采詩的官員，每年春天，他們就會搖著鈴鐺，深入民間蒐集小曲。

采詩官蒐集這些民間音樂後，經過加工，讓詞曲變得典雅，再交給太師譜曲，最後由「專業歌手」唱給周天子聽。

這些歌曲反映了周朝民間的各個方面：有先祖創業的讚歌、祭祀鬼神的樂章、貴族之間的交流，更有百姓們勞動、打獵、戀愛、婚姻的場景。

隨著歌曲逐漸增多，身為太師的「三好學生」把各種歌曲彙編成一部奇書——《詩經》，後來由孔子重新修訂補充，成了儒家經典教科書。

這位「三好學生」就是尹吉甫。

《詩經》分爲《風》《雅》《頌》三個部分：《風》是民間或民族音樂；《雅》分《大雅》《小雅》，基本上都是貴族們親自創作的，比如周公旦所作的〈蟋蟀〉、召穆公所作的勸誡詩；《頌》則爲宗廟祭祀的詩歌，如祭祀周文王的詩歌《周頌．清廟》：「於穆清廟，肅雍顯相。濟濟多士，秉文之德。」

《詩經》對後世產生了深遠的影響。今天我們還能透過這部流傳至今的作品，了解遠古時期的社會狀況，除了因爲這些扎根於民間、奠基於社會的詩歌，更要感謝那個時代努力保留人民聲音的「尹吉甫」們。

27

是皇子，也是藏書家

——劉德

他是劉德，漢景帝劉啓的第二個兒子，以皇子身分受封爲河間王。這個河間王絕對是皇子中的另類：他不喜歡吃喝玩樂、陰謀奪權，卻非常喜歡儒學。不論穿著打扮、言行舉止，都仿效儒生；且他雖貴爲皇子，卻能禮賢下士，因此許多儒生都來投奔他。在當時，許多書籍因爲秦末戰爭的緣故而散失，大家想讀書，卻沒有書讀。於是，這位皇子心中有了一個理想：他要將畢生精力投入文化古籍的蒐集與整理。

可想而知，這件事非常耗費金錢與心血。但劉德說行動就行動，帶著人走街串巷，足跡遍布洛陽、山東、河北等地。只要聽到民間有人藏了什麼好書，便親自前去；只要對方願意賣，不論多貴，全額買下。買下之後，還會讓人重新抄一份，留給原來的持有人。至於不願意賣書的人，他則是放下架子，說盡好話。這對一名皇子來說是十分難能可貴的。他用實際行動證明，自己是個眞正的儒者。

儒家所謂的「仁者無敵」，跟《孫子兵法》中「不戰而屈人之兵」的道理其實是一樣的。一個人將仁愛發揮到極致時，往往就能達到最高境界——不戰而屈人之兵。因此，許多家中有藏書的人，帶著祖上傳下的珍貴古籍不遠千里而來，就爲了贈予劉德。劉德也從不占便宜，這些主動贈書的人往往可以得到豐厚的報酬。

在收藏大量書籍後，劉德親自率領儒學大家、著名學士對古籍進行研究和整理。他的態度極爲嚴謹，凡是遇到殘缺不全、版本差異、抄寫有誤差的書，必會集合衆人，一起研討辨析、勘誤訂正。

經過長期的校勘，劉德整理出大批正本古籍，對當時書籍匱乏的社會來說，絕對是雪中送炭。

河間王劉德在讀書人心目中的地位十分崇高。班固在《漢書．河間獻王劉德傳》中讚美他：「修學好古，實事求是。」司馬光在《資治通鑑》中評論道：「王公貴人不好侈靡而喜書者，固鮮矣。不喜浮辯而好正道，知之明而信之篤，守之純而行之勤者無一二焉。」

高價收購
你…你想幹嘛？
我只是
想買這本書…

28

還有什麼我不會的？——張衡

張衡出生在典型的豪門大族中，祖父張堪是東漢的開國功臣，獲光武帝劉秀任命爲蜀郡太守，後來屢立戰功，步步高升；且始終不忘初心，爲官清廉，調離蜀郡太守時，所乘的是一輛破車，隨身也只攜帶了一個布包袱。

在祖父的影響下，張衡從小就很懂事，學習也很勤奮，而且年少時期便能寫得一手好文章。後來他覺得，在家學習已無法滿足自己的需求，於是十六歲那年，他離開家鄉到外地遊學。他先到當時的學術文化重鎮——三輔（今陝西省西安市一帶），壯麗的山河和宏偉的秦漢古都遺址，爲他後來創作〈二京賦〉累積了豐富的素材。

接著，他來到東漢的都城洛陽，進入了全國最高學府——太學。太學是由漢武帝劉徹所設立的，是世界教育史上有確切文字記載的第一所中央直屬官立「大學」。

就讀太學時期，張衡自學五經，勤習六藝，其間創作了大量的詩歌、辭賦與散文，還不時研究算學、天文、地理與機械製造，文理雙修。

張衡雖然才高八斗，但他從不炫耀，也不傲慢，待人向來包容、溫和。

到了漢和帝時期，德智體兼備的「三好學生」張衡獲舉薦為官。但他不願意，只想先把書讀好，機械、天文、陰陽、曆算等學科還有很多知識等待他探索。

到了漢安帝時期，名氣在外的張衡被朝廷特召進京，拜為郎中，再升任太史令。太史令掌管天文曆法，相當於在氣象局和天文臺工作。當時的政治環境很糟，宦官把持朝政，腐敗黑暗，讓張衡在太史令的職位上一待就是十幾年。不過他本來就無心官場，倒也樂得清閒；既然有大把時間，正好用來從事發明創造。

當然，他也曾想指點江山，激揚文字，上疏陳事，還仿照班固的〈兩都賦〉寫了文采飛揚的〈二京賦〉，勸諫朝廷注意宦官干政，嚴禁奢靡之風。可是他吶喊了半天，卻沒發揮什麼作用。

罷了，罷了，既然改變不了環境，那就改變自己，張衡乾脆全心投入自然科學的研究中。他將所有時間用於研究天文曆法，製作了渾天儀、指南車、模仿鳥類高空翱翔的獨飛木雕和地動儀等儀器，還開創性地製造出瑞輪蓂莢與記里鼓車。簡單來說，瑞輪蓂莢是靠流水驅動的自動日曆；記里鼓車則相當於現在汽車上安裝的里程表。

快來看看渾天儀，
保證高科技！

不僅在工程學上有所作爲，他還創作了天文學著作《靈憲》與《渾天儀圖注》，數學著作《算罔論》。偶爾詩興大發，他還會寫點文章，例如〈歸田賦〉〈思玄賦〉等都是傳世名篇，與司馬相如、揚雄、班固並稱「漢賦四大家」。這些成就都來自他常年累月的知識累積。

後來，朝廷調他擔任河間王劉政的國相。當時他治下有許多豪強與流氓結成犯罪集團，爲非作歹，張衡便暗中蒐集這些成員的姓名和相關證據，展開一場轟轟烈烈的「掃黑行動」，當地風氣隨之改變，張衡也因此受到百姓們的稱讚。

做了三年國相後，張衡無心官場，便遞交了辭呈，「裸辭」回鄉，繼續讀書學習，一心專注於發明創造。他要用自己喜歡的方式過一生。

這一生，張衡足矣！直到現在，世界各地的人仍在紀念他：國際天文學聯合會將月球背面的一個環形山命名爲「張衡環形山」，太陽系中的一八〇二號小行星則被命名爲「張衡星」。

29

歷史巨輪甩不掉的人——宋繇

西晉滅亡後，皇家子弟司馬睿帶領一幫人跑到南方建立了東晉，躲在江南享受生活，是爲晉元帝。與此同時，許多部族在北方建立了大大小小的國家，這些政權互相爭搶地盤，北方亂成一鍋粥。

東晉建立沒多久，就被一名貧寒子弟劉裕滅掉，建立了劉宋。從此，南方政權也混亂起來，誰都想分一杯羹，共經歷了宋、齊、梁、陳四個朝代。後來鮮卑族的拓跋珪統一了北方，建立北魏，結束了十六國的混亂局面；但隨著時間發展，北魏又分裂成東魏和西魏，雙方誰也不服誰。

在那樣混亂的年代，誰有能力，誰就能稱王。

東魏大臣高歡的兒子高洋心想：我手握天下兵馬，幹嘛聽皇帝的？你能做得，難道我就做不得？於是他發動政變，把東魏變成北齊。另一廂，西魏大臣宇文泰的兒子宇文覺一看：你東魏的大臣能取代東魏，我西魏難道就沒人站出來嗎？於是他也廢了西魏皇帝，自己坐上龍椅，建立北周。

又沒過多久，北周丞相楊堅也以前輩爲「榜樣」，發動叛變，滅了主子，以隋朝取代北周。他很快地壯大實力，後來乾脆連北齊和南朝的陳都一起滅了，統一了中原。

這是在那個混亂年代中最清晰的一條主線。

我們的主角宋繇就出生在十六國之一的前涼。他的曾祖父、祖父和父親都在前涼做官，後來因爲家族勢力過大，遭到前涼皇帝猜忌，因此儘管家族仍有些地位，但已沒了當年的輝煌。

在這樣的情況下，宋繇從小便立志振興家門。他閉門讀書，讀到日夜顛倒；要是睏了，就小睡一會兒，醒了又繼續讀，讀累了便瞇一會兒。經過幾年苦讀，他經、史、子、集無一不通，兵法、智謀無一不精，成爲一位眞正的學霸。

因爲學識淵博，他被推薦到後涼做了個小官；做了一段時間後，又回到北涼，皇帝段業讓他擔任散騎常侍，相當於皇帝的顧問。時間一長，宋繇發現，段業的能力不過一般，且胸無大志，北涼遲早要玩完，那他振興家族的抱負還怎麼實現？於是他又跑到同母異父的兄弟、時任敦煌太守的李暠（音「皓」）身邊。李暠也是個自小便十分好學的人，他不但熟悉歷史，又精通《孫子兵法》；既能吟詩作賦，又能騎馬打仗，且性格寬厚、謙虛。

當時朝廷有人誣陷李暠，段業便打算讓李暠直接捲鋪蓋回家。這時宋繇勸李暠道：「如今段業沒什麼能力，且聽信讒言，你辭官後只有死路一條，不如自立門戶。」李暠恍然大悟：打工不如創業，於是他就在自己管轄的地盤上建立了西涼。這下子，宋繇成了開國功臣，帶領軍隊東征西討，爲西涼立下汗馬功勞。

但即使再忙再累，他也沒有放棄讀書的習慣，就連在行軍打仗途中，他也拿著書。宋繇也特別重視讀書人，每當有士人來訪，他總會親自出迎接待，從不擺出高高在上的姿態。

李暠去世前，任命宋繇爲顧命大臣，輔佐兒子李歆，掌管軍國大事。宋繇不負所託，將他從書中學到的知識運用在治國理政上，提倡以德治國，百姓受益。他反對李歆在沒有實力的情況下窮兵黷武，畢竟拳頭不硬，怎能惹是生非？可惜李歆不聽勸，執意攻打北涼，而此時北涼的皇帝段業已被部下沮渠蒙遜殺死並取而代之，國號依然叫北涼。沮渠蒙遜並非莽夫，天文地理無所不通，擁有雄才大略，又善用計謀。最後李歆兵敗被殺。

沮渠蒙遜滅掉西涼後，發現宋繇家很奇怪：金銀財寶、高級家具、美妾小婢統統沒有，倒是書本堆了滿屋子。原來宋繇平時把所有俸祿都用來買書了。

這樣的人才豈能錯過？沮渠蒙遜得意地說：「滅掉小小李歆並無法讓我高興，得到宋繇這樣的名士才是最令我高興的！」

他任命宋繇爲尙書吏部郎中，負責官員的人事相關工作。這是份手握實權的差事，可見沮渠蒙遜對宋繇有多信任！

可惜的是，沮渠蒙遜去世後，兒子沮渠牧犍不太爭氣，將北涼送給了勢頭正旺的北魏太武帝拓跋燾（音「陶」），使得宋繇成了亡國之臣；卻沒有妨礙他得到北魏皇帝的尊敬與信任，他輔助太武帝治理天下，造福百姓。

宋繇歷經四朝，都獲得重用，用事實證明只要是眞正的學霸，到哪裡都能受歡迎。

什麼時候才能下車…
歷史
改朝換代
改朝換代

30 學霸可以遺傳嗎？——祖沖之

西晉末年至十六國時期，北方戰亂不斷；至於另一廂的南方，祖昌正擔任劉宋的大匠卿。

「大匠卿」是什麼樣的官呢？這其實是個管理朝廷各項土木工程的「肥缺」。另一方面，祖昌的兒子祖朔之因學識淵博，擔任「奉朝請」之職，常獲邀參加皇室的典禮、宴會。

有人會問：奉朝請又是什麼官呀？這是一種可拿俸祿，但不用做事的官職。好比公司裡不出任具體職務的股東，董事長開會時，有列席的資格，也可以發表意見；但平時不用工作，時間到了就拎著包包去開會。奉朝請就是不用幹活，但可以參加朝見的人，古時稱春季的朝見爲「朝」，秋季的朝見爲「請」。

出生在祖家的孩子，物質生活想必很優越。

祖朔之的兒子是含著金湯匙出生的，擁有一輩子享不盡的榮華富貴，但他卻拚命讀書，從小便立志「專功數術，搜爍古今」，想成爲偉大的數學家。

爺爺對他講解工程與天文知識，父親則領他閱讀經書典籍，而他自己又非常勤奮，不光是專注於算學，對自然科學、文學、哲學、天文學也產生了濃厚的興趣。從上古時期到當代的各種文獻、紀錄、資料，凡是能搜羅到的，他全都拿來研究，反覆比對。他既不迷信古人，也不拘泥於陳規；就算是已經做出結論的學說，也都親自進行精密測量和仔細推算。

史書記載他：「親量圭尺，躬察儀漏，目盡毫氂，心窮籌策，考課推移，又曲備其詳矣。」（《南齊書．文學列傳》）他就這樣堅持了很多年，後來大家都知道，祖家又出了一位博學之士——祖沖之。

宋孝武帝爲祖沖之安排了一個很適合他的職場：總明觀。這個名字聽起來像座道觀，但其實是當時的科學研究機構。它不是單純的大學，而是宋明帝在泰始六年（西元四七〇年）於京師建康所設立，集藏書、研究和教學爲一體的機構，是具備圖書館、大學、研究院三項特徵的官方機構。

總明觀設有文、史、儒、道、陰陽五門學科，分科教學。老師們都是各地的知名學者，在這裡一邊教學，一邊展開科學研究；只可惜，總明觀在齊武帝時便被廢除了（西元四八五年）。任職總明觀的祖沖之成了一名拿著國家俸祿的「大學教授」，在這裡，他可謂如魚得水，他一邊學習，一邊研究，成為世界上第一位精確計算圓周率到小數點後第七位的科學家；而這項紀錄也直到十六世紀時，才由阿拉伯數學家阿爾．卡西（Jamshīd al-Kāshī）打破。

你以為祖沖之只有計算圓周率這項成就嗎？

他製造了更先進的指南車、改造了一天能走百里的千里船、節省勞動力的水碓磨，並設計製造了計時工具「漏壺」。

由於前代曆法中有不少錯誤，因此他乾脆主持並新編了更為精準的《大明曆》，準確區分了回歸年（太陽中心連續兩次通過春分點所需要的時間）和恆星年（地轉公轉的平均週期）。

南朝政局動盪不安，劉宋不過才五十多年，便一命嗚呼，被齊朝取代。

一朝天子一朝臣，但祖沖之這樣的人才，不論在哪朝哪代都能發光發亮。

祖沖之在齊朝被提拔為長水校尉，這個官職相當於野戰軍區的司令官。雖不用領兵打仗，但也沒有實權，只是為了用來安置有功的人。

既然朝廷給了他高官厚祿，就算身居閒職，祖沖之也想有點實際貢獻。晚年的

大家一起念：
3.1415926…
3.1415926…
π≒3.14
d

他轉而研究社會科學，寫成了著名的〈安邊論〉。他建議政府開墾荒地、發展農業、增強國力、安定民生、鞏固國防。齊明帝蕭鸞很欣賞祖沖之，可惜他生性多疑，忙著屠殺兄弟、大臣以鞏固政權，祖沖之的主張被他擱置在一邊。永元二年（西元五〇〇年），七十二歲的祖沖之就這樣帶著些許遺憾去世。

在他的培養下，兒子祖暅（音「宣」）和孫子祖皓都成爲有名的數學家。祖沖之能獲得這樣的成就，除了天賦，還得益於他心無旁騖的努力。由此可知，唯有持之以恆的努力，才能激發一個人的所有潛力。

31

連續十九年「日更」的努力

——司馬光

這孩子家裡的經濟條件不錯，讀書也很用功，但他並不是神童，沒有哥哥弟弟們過目不忘的本領。於是每天老師講完課後，哥哥和弟弟開心地跑出去玩，他卻把自己鎖在房間裡，看著暫時還無法理解的文字大聲朗讀。一遍不行，就再來一遍；兩遍不行，就讀三遍，直到爛熟於心、明白其中的意思爲止。接著，他闔上書本，非得一字不落地背下來，才肯去睡覺。

七、八歲時，這孩子不但已能完整背誦《左氏春秋》，還能明白書中的道理；十五、六歲時，他已將家中大部分的書籍記在腦中，成爲學識淵博的人。

自律的人是最可怕的，因爲他清楚知道自己要什麼，並能爲這個目標付出常人難以堅持的努力。即使當了官，他仍保持著年少時的習慣，住處滿是書本，用來睡覺的床上只有「保證睡不安穩三件組」：木板床、粗布被、圓木枕。

爲何要用硬邦邦的圓木枕頭呢？他認爲，要是睡覺占用的時間太多，讀書做學問的時間便少了。於是，他蓋著不太舒適的粗布被、枕著圓木枕，睡在很硬的木板床上。睡覺時，只要身體稍微動一下，枕頭就會滾到地上，頭還會撞到床板；吃痛的同時，他也從睡夢中驚醒，這樣就能繼續讀書了。他還幫這顆圓木枕取了個「警枕」的名字，時時刻刻警醒自己，不忘初心。

正是有這樣的毅力，他才能在二十歲參加會試時，一舉高中進士甲科，順利步入官場；也才能堅持十九年，完成三百多萬字的偉大著作——《資治通鑑》。

這個人就是司馬光，而他的「保證睡不安穩三件組」還變成了一句成語「圓木警枕」（出自范祖禹〈司馬溫公布衾銘記〉：以圓木爲警枕，小睡則枕轉而覺，乃起讀書），形容一個人刻苦自勉。

在宋代，像司馬光這樣功成名就後仍過著苦行僧般生活的人很少。爲了完成《資治通鑑》，他用了十九年時間，從四十八歲編到六十六歲，每天「日更」不間斷，伏案破黎明，光是修改稿就堆滿了整整兩間屋子。這部作品完成時，司馬光視力衰退、牙齒脫落，走路顫巍巍的；成書不到兩年，他便積勞而逝。

某次，邵雍與司馬光聊天。司馬光問邵雍：「你覺得我是什麼樣的人呢？」邵雍

警枕
讀書！
學習！

望著滿屋子的書與手稿，不吝讚美地說：「君實（司馬光的字）腳踏實地人也。」（邵伯溫《邵氏聞見錄》）

32 《資治通鑑》幕後的那個人——劉恕

在史學界「封神」的《資治通鑑》可不只有司馬光一個人的功勞，背後還有一個極爲優秀的學霸團隊，其中三位副主編：劉恕、范祖禹、劉攽（音「頒」）也都是「學神」級的人物，三人分工合作，各負責幾個類別，最後由司馬光修改潤色。

這三大學神中，最受司馬光推崇、出力最多的是劉恕。劉攽負責漢史、范祖禹負責唐史，劉恕則各部分都要負責一些。劉恕出生於北宋時期筠州高安（今江西省高安市）的書香世家，從小就有過目不忘的本領。他八歲時，家裡有客人討論起孔子，說孔子沒有兄弟。劉恕立刻反駁：「這話說的不對。《論語》裡有一句『孔子以其兄之子妻之』，證明孔夫子有兄弟。」客人們驚呆了，沒想到八歲的小孩就能對《論語》這麼熟悉，這孩子將來必有前途！

雖然劉恕有極高的天賦，但他知道，不努力是不可能有成就的。他對歷史尤其感興趣，但在當時，歷史並不是科舉中很受重視的部分，使得讀書人對此並不熱衷。正好他父親是資深的歷史愛好者，所以也支持兒子研讀歷史。劉恕平時總是讀書讀到廢寢忘食，就算家人喊他吃飯，他也經常充耳不聞，直到飯菜冷掉。夜裡，他常躺在床上閉目思考書本上的知識，有時甚至會爲了一個問題徹夜思索。

慢慢的，劉恕對歷史、地理、天文知識都已瞭若指掌，談論起來滔滔不絕，有理有據，成了一位有名的史家。雖然家裡藏書不少，但已不夠他閱讀；若想讀某些市面上買不到的書，他就想方設法到別人家裡借來抄。

劉恕在宋仁宗皇祐元年（西元一〇四九年）參加科舉，輕鬆考取進士。當時，皇帝希望找幾位考生在國子監講課——這可是千載難逢的好機會，應聘者踏破門檻。主考官趙周翰提出幾十個關於《春秋》和《禮記》的問題，劉恕在這場考試中也毫不意外地獻上了神一般的表現：對答如流，除了引證各家學派的觀點，還提出自己具獨創性的見解。劉恕毫無懸念地贏得了面試第一名，而後到國子監試講經書，又名列第一，一時之間轟動京師。

在這之後，劉恕陸續當了一些地方性的小官，這時已經有人注意到他，那就是司馬光。他提拔劉恕擔任著作佐郎，正式加入了編輯團隊——他們要用後半生編修一部

資治通鑑

與《史記》齊名的偉大著作。

只要遇到難以釐清的史實，司馬光就會找「最強大腦」劉恕幫忙。上千年的正史、野史、雜記、傳言等都裝在他的腦袋裡，幾乎有問必答。司馬光感嘆道：「非恕精博，他人莫能整治。」（司馬光〈乞官劉恕一子劄子〉）司馬光知道，五代十國的歷史最是複雜，索性把此時期的編著工作全部交給劉恕，團隊中的成員們也一致認爲劉恕功力最高。

後來，司馬光因反對王安石變法，被逐出京城，他一氣之下，回到洛陽隱居，專心編纂《資治通鑑》；而劉恕也受到牽連，被貶到江西。雖然大家無法在一起工作，但史書還是得繼續編；那時又沒有電話、手機、傳眞機，每次遇到重大問題需要討論時，劉恕都要跑到洛陽找司馬光。在沒有高鐵和飛機的時代，他只能坐著馬車一路顛簸。

他聽說在亳（音「播」）州做官的朋友宋次道家裡有不少絕世藏書，於是每次前往洛陽的途中，都會順便繞道亳州去朋友家裡借書。

有朋自遠方來，不亦說乎。宋次道設宴款待他時，劉恕反而淡淡地說：「老兄，我們之間就不用客氣了，我可要在你家待一段時間啊；我不是來喝酒吃飯的，而是來你這裡抄書的喔。」

「跋山涉水就為抄書？那就抄吧，藏書閣隨時為老兄打開。」既然老友都麼說了，劉恕也不客氣，每天把自己關在藏書閣裡，白天黑夜不停地抄，直到把需要的書都抄完才告別，連眼睛都差點瞎掉。

劉恕一心投入在書籍的編修，因為來回奔波而感染風寒，從此臥病不起，但他依然堅持繼續工作，最後在四十七歲時不幸離世。他去世後的第七年，《資治通鑑》正式完成，朝廷追錄他的功勞，他的幾個兒子都得到了賞賜。

33

寧靜的書房裡，有兩個「笨」小孩

——左思、董仲舒

西晉時期，有個不太聰明的小孩，看上去有點呆呆的，不但身材比同齡的孩子矮小，性格還很內向，在家裡是個幾乎沒什麼存在感的「透明人」。

當官的父親並不看好這個兒子，常對著親朋好友們大嘆：「唉，我這個兒子不如我小時候聰明，以後大概也不會有多大出息。」

孩子聽到這話，心裡就像被兩柄巨大的鐵錘前後打擊，幾乎喘不過氣來。他心想：要是我能成爲像書中那些賢人一樣的人，一定就能受到別人的尊重。

從此，他發奮苦讀，用心鑽研，逐漸成爲一位學識淵博的人。初出茅廬時，他的文章並不被當代的名家看好，文學家陸機就曾譏諷過他的文章。但他沒有灰心，儘管無人喝采，但他仍不改初心，始終堅持「笨鳥慢飛」的心態。他靜下心來，用十年時間蒐集了三國時期魏、蜀、吳首都的風土、人情、物產、歷史、地理等史料，經過深入的分析研究，寫成一篇萬字長文。

後來，他帶著這篇文章拜見當時著名的文學家張華，張華一口氣讀完後，爲之驚嘆：「寫得太棒了！」並將它推薦給文學圈裡的其他人。這篇文章構思精妙，文采飛揚，當時的名儒皇甫謐（音「密」）拍案叫絕：「世上竟有如此好文章！」還親自爲文章作序；侍書郎張載、學者劉逵也分別爲這篇文章作注。

這篇文章讓整座洛陽城沸騰了，人們紛紛傳抄誦讀，一時之間，竟讓洛陽城的紙張供不應求。

這個「笨」小孩就是西晉時期的文學家左思，而那篇文章正是有名的〈三都賦〉；成語「洛陽紙貴」即出自於此。《晉書．文苑．左思傳》寫道：「於是豪貴之家競相傳寫，洛陽爲之紙貴。」

跟左思一樣，西漢時期也有個看起來呆呆的小孩。

這孩子出身富貴之家，家裡有些資產。但他不愛豪宅，只愛書房，讀起書來大門不出，二門不邁，常常忘記吃飯和睡覺。

父親著急了：再這樣下去，兒子豈不成了書呆子？不行，不行，得趕緊想辦法把他從書房裡拉出來。可是要用什麼辦法呢？

有了，孩子都喜歡玩，那麼就在書房的窗戶前建一座大花園，讓兒子讀完書可以散散步、看看花、抓抓蝴蝶。於是父親派人到南方，學習造園的經驗和技術，並購置了名貴的磚瓦木料，砌出一座漂亮的大花園。書房前頓時綠草如茵，鳥語花香。

沒想到這孩子只是看了花園兩眼，卻仍不願放下手中的書。無論兄弟姊妹如何邀請，他都不動如山，一遝手捧竹簡，用心鑽研《春秋》。

他父親搖了搖頭，看來花園還不夠漂亮，不夠新奇。那就繼續升級吧，他才不信這個邪！

第二年，父親在花園裡建起漂亮的假山，鄰居們的孩子都來玩了，可是兒子竟然連頭也不抬。這孩子該不會讀書讀傻了吧？看來花園還不夠吸引人。第三年，一座精美非常的花園誕生了，方圓百里的人都慕名前來，人們嘖嘖稱奇。

父親前往書房邀請兒子來看他的得意之作。這孩子其實不笨不呆，他明白父親的用心良苦，終於點了點頭：「我會在合適的時間去看看的。」

天哪，兒子終於開竅了！父親趕緊吩咐下人打掃花園、準備茶點，並計畫在中秋節晚上要全家人到花園賞月。可是到了中秋節那天晚上，大家左等右等，就是不見兒

外面好吵啊！
好！就這裡！

子出現，去書房也找不到；最後，大家在教書先生家裡找到他了。原來他突然碰到幾個疑惑不解的問題，便去找老師請教。這就是成語「目不窺園」的來歷，形容人埋頭苦讀，不問外事。

故事的主角就是歷史上赫赫有名的大儒董仲舒。他寫出了震古爍今的〈賢良對策〉，系統性地提出了「天人感應」「大一統」思想，提倡「諸不在六藝之科、孔子之術者，皆絕其道，勿使並進」（《漢書．董仲舒傳》）的主張，受到漢武帝的重用與尊敬。

34 我用雙腳踏遍天南和地北

——徐霞客

明朝萬曆十五年（西元一五八七年），直隸江陰縣（今江蘇省江陰市）的一個富裕家庭迎來了一名新生兒。

據家譜記載，這孩子的高祖父徐經不但是江陰巨富，還是唐伯虎的好朋友；明朝弘治十二年（西元一四九九年）時，因參加科舉、被捲入「舞弊案」而進了監獄。曾祖父徐洽分家時，還得到一萬多畝田產；但到了祖父徐衍芳時，家道已經中落。幸好父親徐有勉是個經商奇才，在兄弟們分家時，主動索要了地段不佳的房產，與妻子一起辛苦創業，重新振興了家族。

徐有勉很有個性，別人勸他「既然有了錢，不如買個官做」，他卻掉頭就走。他既不願爲官，也不願與權貴交往。平日裡最喜歡做的，就是帶上幾名家童來場「自助旅行」，到處遊山玩水，偶爾還寫點遊記。

別看徐有勉這樣，他可不是玩世不恭的人，而是飽讀詩書的好學之士。兒子在他的影響下，自幼勤奮好學，博覽群書，尤其喜歡看地理、歷史等方面的書籍，很早就立下了「大丈夫當朝碧海而暮蒼梧」（陳函輝〈霞客徐先生墓志銘〉）的志向。

徐有勉替兒子取名「宏祖」，而這位徐宏祖有個很好聽的號——霞客。

明清時期，無論哪位文人，都不免在科舉考場中被蹂躪幾次。十五歲的徐霞客也曾心血來潮地參加過一回童子試，然而學霸不一定就是考霸，徐霞客連秀才都沒考上。

他父親倒是看得很開，還對朋友們開玩笑說：「我這兒子眉宇之間有仙俠之氣，看來能繼承我的志向，爲什麼一定要去追求功名利祿呢？」

徐霞客雖然在考場失利，但書還是要繼續讀的，絕不能成爲不學無術的紈絝子弟。徐霞客讀書非常認眞，別人問起書中的內容時，他都能對答如流。

讀萬卷書，也要行萬里路。

徐霞客十九歲時，父親去世。雖然他覺得自己應該仗劍走天涯了，但有個難題擺在眼前：母親已經上了年紀，他不忍心出走。沒想到徐霞客的母親非常通情達理，她告訴兒子，男兒志在四方，要是想做什麼，就該馬上行動。

大丈夫當朝碧海而暮蒼梧！

為了解除他的後顧之憂，母親親自為他準備行李。二十二歲那年，在母親的鼓勵下，徐霞客開始勇敢追尋自己的夢想。不僅如此，在她八十高齡之際，為了表達對兒子的支持，鼓勵年紀也不小的兒子繼續堅持夢想，她做出一項驚人之舉——她拄著拐杖，顫巍巍地陪兒子一起出遊考察，親眼見證世間的繁華。

徐霞客在外遊歷約二十多年，足跡遍布大半個中國。

在旅行的過程中，他親身探索大自然的奧祕，對各地的山脈、水道、地質進行實地勘察。除了白天跋山涉水，晚上還要挑燈夜戰。他每天都坐在昏暗的油燈下書寫，除了記錄旅途中的趣事與考察心得，也對其他書上有誤的地方仔細訂正。

沒有高鐵、長途巴士或纜車，徐霞客僅靠兩條腿走遍山川大地，其艱難可想而知。在遊覽廣西融水縣的龍洞時，徐霞客不小心掉進一處深潭，差點被淹死；還曾三次遇到強盜，錢財和衣物都被搶走。同伴們都勸他回去，認為再這樣下去，他連老命都沒了！但徐霞客瞥了一眼沒被搶走的小鋤頭，淡定地說：「我帶上這把鋤頭。如果我死了，你們隨地挖個坑把我埋了就行。」

旅途中缺少食物時，他就賣掉衣服、褲子、綢巾，換點吃的再繼續上路。沒有什麼能阻擋他對遠方的嚮往。除了母親去世後，他在家守孝三年外，其餘時間都在路上。五十一歲時，他踏上了人生最後一次旅程，前往雲南。

最後，因爲積勞成疾，雲南當地的地方官雇人用滑竿把他送回了老家；史料記載他「兩足俱廢」。

江陰的官員前來探望時說：「你這又是何苦呢？」

他本可以憑藉父輩的遺產，安穩度過一生的。

但徐霞客只輕輕一笑，說道：「張騫鑿空，未睹昆侖；唐玄奘、元耶律楚材銜人主之命，乃得西遊。吾以老布衣，孤筇雙屨，窮河沙，上昆侖，曆西域，題名絕國，與三人而爲四，死不恨矣。」（錢謙益〈徐霞客傳〉）

我一介平民百姓，完成了張騫、玄奘、耶律楚材等人都未能完成的壯舉，死而無憾啊！

明朝崇禎十四年（西元一六四一年）正月，五十四歲的徐霞客病逝家中。

《徐霞客遊記》被稱爲「明末社會百科全書」，不僅具有科學價值，也是一部珍貴的文學名著。如今，在美國、日本、新加坡等地都建立了「徐霞客研究會」。

35 清朝高級休閒農場創辦人——袁枚

黃昏時分，夕陽西下，一名眼裡閃爍著智慧光芒的中年男子，站在修了一半的園子前，陷入沉思。

前些時間，他學李白「仰天大笑出門去」，瀟灑地辭去了公職。他原本打算修完園子後，就此隱居，但他突然發現，錢根本不夠用啊！他爲官清廉，如今他的財力已不足以支撐到修完這座園子。

總不能修了一半停下來吧？這可是他下半輩子的根據地啊！

這座園子是他擔任江寧知縣時，以幾百兩銀子的低價買來的廢棄宅院。雖然價格低廉，來頭卻不小：這可是當年江寧織造曹寅家的豪宅——曹寅，就是《紅樓夢》作者曹雪芹的祖父。後來曹家被抄，這座宅子輾轉到了一名叫隋赫德的官員手上，曹宅變成了「隋園」。不久後，隋赫德也因貪汙被抄家，大宅就這樣變成了荒園。

房子不吉利，沒人願意買。他果斷出手，趁機殺價，最終以區區幾百兩銀子購得豪宅，改名「隨園」，意指隨性而為。

那麼，現在該怎麼辦呢？

他腦子裡突然靈光一閃，擬定了「七步賺錢法」。

第一步，炒作地點。他命人拆除圍牆，掛上「隨園免費開放，歡迎參觀」的牌子。畢竟曾是曹雪芹家的房子，太有噱頭了，一時之間，四面八方的遊客紛紛前來「打卡」。

第二步，出租空地。他將隨園空餘的田地、山林和池塘租給附近的百姓，種植糧食、蔬菜、瓜果、樹木等，充分利用閒置土地收租，積攢資金。這樣做，不僅增加了園邸的生活氣息，還能隨時提供純天然無汙染的有機蔬菜，為接下來的策略鋪路。

第三步，販賣文化。他利用自己在文壇的名氣，放下身段，四處替人題詞作詩，從活人的傳記到死人的墓誌銘，無一不寫。

第一桶金到手後，他開始啓動第四步計畫。

第四步，開辦「休閒農場」。他找來江南的名廚朋友，開發他前半生想吃、各種稀奇美味的菜式和糕點。在「隨園」，只有想不到，沒有吃不到。經過前幾個步驟的

隨園
曹雪芹
故居
免費開放
歡迎拍照打卡
歡迎光臨！
袁枚

操作，「隨園」已經積累了不少流量，「隨園休閒農場」一經推出，瞬間成爲江寧的「網紅店」。

第五步，出版圖書。他寫過不少詩文，便從中精心挑選佳作，編成自選集《隨園詩話》；還結合休閒農場的特色菜品，寫成誘人的食譜《隨園食單》。這兩部作品很快便成爲當時的暢銷書。

第六步，廣收弟子。隨著名氣越來越大，前來拜師的人越來越多，他索性開館授課。只要繳交足夠的學費，不論四書五經、詩詞歌賦、美食文化、人生哲理、經商智慧……統統隨你點。他還打破世俗偏見，收了很多女學生，培養出一批才女。

第七步，走高級路線。錢賺到了，園子也修好了，但要是環境太嘈雜，總會讓人覺得格調不足。既然如此，乾脆定位成文人雅士、官員貴族們的聚集地，讓「休閒農場」搖身一變，成爲「私人招待所」。

憑藉這七步，這名中年男子總算實現了「財務自由」。

晚年時，他趁著身體還算硬朗，到處遊山玩水，瀟灑地活到八十二歲。去世時，他留下了兩萬多兩白銀、大量田產，以及許多價值連城的珍貴藏書、字畫等。

他的名字叫袁枚，雖出生官宦之家，只是到他老爸這一代，家道已經中落。儘管經濟狀況已沒有過去那麼富裕，但畢竟是書香門第，還是留下了許多書，讓他從小就得以沉浸書海。

袁枚五歲學《尙書》，七歲學《論語》《大學》，九歲自學詩詞歌賦，十歲就能獨立寫作。他每天都讀書到深夜，讀完了家裡的書，又讀外面的書；只要路過書店，就算時間再趕，也都會停下來讀一會兒，等到回家後再做摘要。遇到好書卻沒錢買時，連做夢都在惦記著，簡直到了愛書如命的程度。

二十三歲時，他考上進士，入選翰林院庶吉士，成爲衆人眼中的「偶像」。明清兩朝，會從通過科舉的進士中挑選有學問、有潛力的人擔任庶吉士，主要職責是爲皇帝起草詔書，爲皇帝講解經、史、子、集。雖然庶吉士官階不高，但機會很多，只要能在任上堅持下來，進入國家權力中心不是夢想。

可惜，朝廷規定翰林院庶吉士必須兼懂漢文和滿文，才能留在中央做官。袁枚沒學過滿語，不懂滿文也就罷了，他還寫了些諷刺詩，徹底斷送了自己的政治前途。

於是他被派到江南做了個知縣，在江寧、溧水等地來回奔波，爲百姓做了些實在的事，也贏得了不錯的口碑。他一邊做官，一邊寫文章，名氣越來越盛。然而面對複雜的官場，袁枚最後決定急流勇退，不到四十歲時，就以贍養母親爲由提交辭呈，瀟灑地逃離官場。

從此，世間少了一位袁大人，卻多了一位富翁。

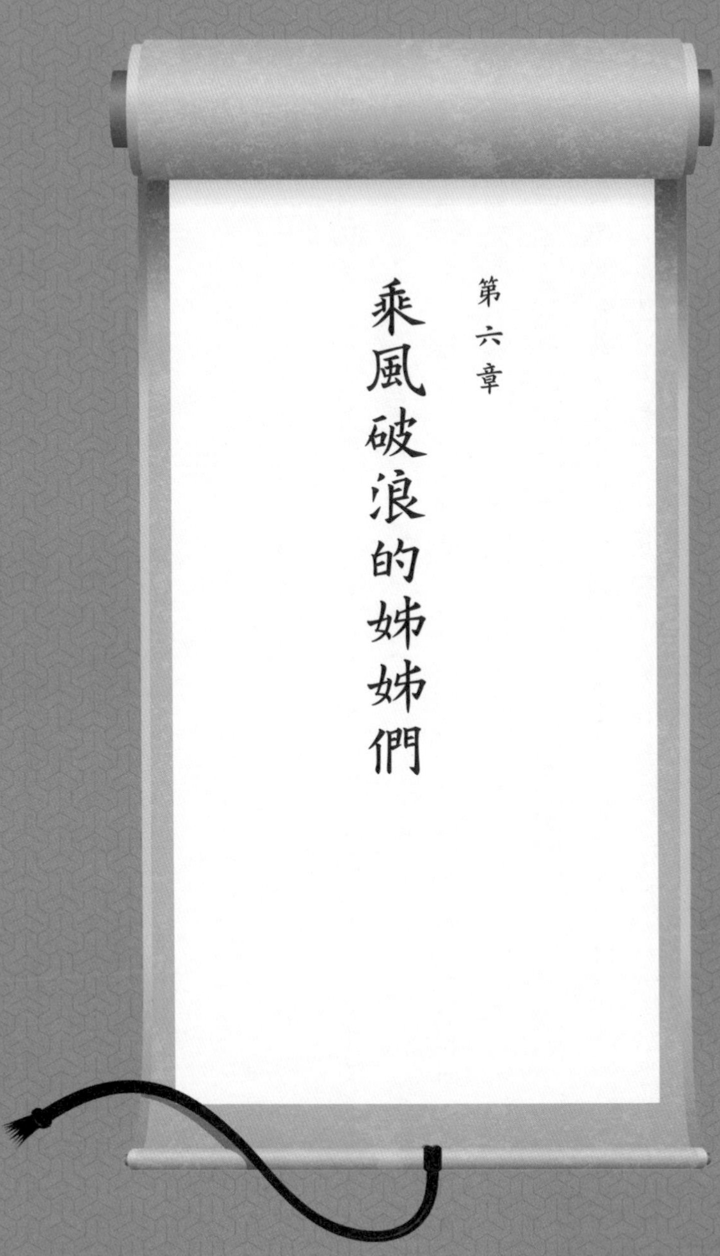

第六章 乘風破浪的姊姊們

36 老公，你不敢去，我去！——許穆夫人

春秋時期，許國後宮一扇華麗的窗戶邊，有位女子緊皺眉頭，眼含熱淚，懇求丈夫：「大王，求求您，請您立刻發兵。」

「夫人，不是我不救，是實在沒那個實力。我們的情況也不樂觀，而且大臣們都極力反對，我確實無能爲力啊！」男人說話時，眼神不斷閃爍著。

女子有些失望，又有些憤怒：理應能託付終生的良人怎會如此懦弱？

「再說，妳哥哥是自作孽，玩物喪志，亡國一點都不意外。」男人小聲地說。

「您……大王，那可是我的家鄉啊，請看在我們多年夫妻的情分上……」女人近乎哀求地說。

「這……」丈夫漲紅了臉。

這名男子是許穆公，女子則是鼎鼎大名的許穆夫人。許穆夫人的哥哥——衛國的國君衛懿公才剛遭到狄人殘忍殺害。雖然衛懿公確實十分昏庸，但她仍不希望自己的國家滅亡。

這個衛懿公的愛好有點特別，是養鶴。

面對國君的嗜好，下面的人當然會拚命想滿足。但宮裡的鶴越來越多，沒地方住了怎麼辦？那就擴建宮殿！宮殿建成後，衛懿公命人將這些「鶴老爺」一隻隻安置其中，並按照品質和體格優劣，授予這些鶴不同的官位，還給它們相應的俸祿和儀仗。

衛懿公每次出遊時，都帶著規模龐大的「鶴官」隊伍，不但讓這些鶴按等級乘坐華麗的車子，衛懿公還到處向人炫耀：「看，我的鶴多漂亮啊！」

這些荒唐的舉動導致國庫空虛，入不敷出。這下誰來買單？當然還是百姓啊！衛懿公橫徵暴斂，讓人民背負重稅，就是爲了供養「鶴老爺」們，這讓百姓心中燃起熊熊怒火。

狄人首領看到衛懿公如此昏庸，便率領數萬鐵騎直奔衛國而來。儘管衛懿公驚慌失措，但衛國國防力量薄弱，只能強行徵兵，拉著百姓上戰場。

百姓才不會在生死關頭爲昏庸至極的衛懿公賣命。「大王派鶴將軍去打仗吧，我們連飯都吃不飽，哪有力氣上戰場呢？」這樣的衛國自然不可能抵擋狄人的鐵蹄，衛

YA！
YA！

鶴官到！
鶴官到！

給我
高級飼料！
加個稅吧！
人家想買高級鶴糧！

懿公還沒來得及逃走，便死在狄人刀下。

衛懿公縱有千錯萬錯，如今確實遭了報應，但許穆夫人不能眼睜睜地看著自己的國家就這樣滅亡。只是許穆公曖昧的態度讓她明白，許國是不可能出兵援衛的。憤怒、悲傷、失望的情緒充斥著她的內心。當初她眞不該嫁到許國的！

她是衛宣公之子衛昭伯的女兒，不但遺傳了母親宣姜的美貌，且自幼聰明伶俐，能唱歌、會作詩，還沒長大，各個諸侯國便紛紛派遣使者前來提親。

她原本想嫁給齊國的公子小白。一來雖然小白當時並非王位繼承人，但他博學多才、有勇有謀；二來齊國本身很強大，又在衛國旁邊，將來衛國萬一有什麼危險，還可以要求齊國伸出援手。

但衛懿公不答應。爲什麼呢？因爲許國公子將來不但鐵定會繼承王位，而且聘禮何等豐厚，應該能買不少隻鶴吧？回頭看看齊國公子小白，聘禮實在寒酸了些。

「妹妹啊，聽哥哥的，嫁給許國公子吧。」

儘管貴爲衛國公主，但她的命運並不掌握在自己手中，最後她仍成了許穆夫人。許穆公確實對她百般寵愛，但她時常思念著那個讓她魂牽夢縈的故鄉，並寫下許多思鄉之作，比如〈竹竿〉〈泉水〉等，後來都收錄於《詩經》中。

想著被狄人侵占的衛國，看著丈夫懦弱無能的樣子，她收起眼淚。

求人不如求己，不如親身爲祖國奔波吧。

許穆夫人決定帶著身邊的幾位陪嫁侍女親自前去拯救衛國。

許國大臣們極力反對：這成何體統？更何況，這樣會直接把許國拖下水的。

但許穆夫人再也不想這麼窩囊地等下去，她只留下一首詩，便頭也不回地騎著馬走了。

載馳載驅，歸唁衛侯。驅馬悠悠，言至於漕。大夫跋涉，我心則憂。
既不我嘉，不能旋反。視爾不臧，我思不遠。
既不我嘉，不能旋濟。視爾不臧，我思不閟。
陟彼阿丘，言采其蝱。女子善懷，亦各有行。許人尤之，衆穉且狂。
我行其野，芃芃其麥。控於大邦，誰因誰極。
大夫君子，無我有尤。百爾所思，不如我所之。

〈載馳〉是《詩經》中的名篇，表達了許穆夫人對故國的思念和對許國的失望。

這時候，衛國跟她有血緣關係的手足都逃到其他國家了。其中有一支隊伍，在逃跑的路上擁立衛懿公的堂弟公子申爲國君，史稱衛戴公，幾千人成立了「臨時流亡政府」。

因爲在逃亡途中，一切都只能湊合。衆人在一個叫漕邑的地方安營紮寨，而衛戴公的「皇宮」不過就是一間草屋。

正當他愁眉苦臉時，許穆夫人帶著物資來慰勞大家了。許穆夫人雖是堂妹，這樣雪中送炭的行爲卻顯得比親妹還親！

他們又招募了數千名流散的衛國人來到漕邑，一邊教他們安家謀生，一邊進行軍事訓練。很快的，一支整齊有序的非正規軍就這樣成立了。

但這麼弱小的隊伍豈能與狄人爭鋒？

許穆夫人於是把目光轉向了隔壁的齊國，此時的齊國正是小白（齊桓公）當政。對，去求他出兵！

許穆夫人安頓好漕邑的隊伍後，便馬不停蹄地趕往齊國。齊桓公看到昔日令他心動的美人，竟爲了救亡圖存，單槍匹馬來到齊國，內心非常感動！沒想到外表柔弱如水的女子，竟有如此堅毅的心！更何況，狄人如果眞的攻占了衛國，對齊國也沒好處，因此齊桓公派出兒子無虧率軍前往衛國；宋國和許國也隨後相繼投入戰場，共同擊退了狄人，收復了衛國的失地。

逃亡過程中，受到驚嚇的衛戴公不久後便病死了，逃到齊國的公子毀回國繼承王位，即是衛文公。衛國國祚之所以能往下延續數百年，許穆夫人功不可沒。

37

任爾東西南北風，我自巍然不動

——班婕妤

漫天星空下，深宮高牆中，一位氣質非凡的女子拿出一把精美的團扇，落寞地在院中徘徊。她想起之前受寵時的種種風光：當時年輕有爲的皇帝對她一見鍾情，把她寵上了天，恨不得無時無刻不跟她在一起。但現在……

團扇啊，團扇，夏天一過，你就要被丟到箱子裡了。她寫下了那首哀怨悲傷的〈團扇歌〉（又名〈怨歌行〉）：

新裂齊紈素，皎潔如霜雪。
裁爲合歡扇，團團似明月。

出入君懷袖，動搖微風發。
常恐秋節至，涼風奪炎熱。
棄捐篋笥（音「竊司」）中，恩情中道絕。

我也曾有白如霜雪的肌膚、婀娜多姿的身材、出口成章的才華，備受皇帝恩寵。如今皇上移情別戀，我就好比這團扇，一到了秋天，就要被擱置在箱子裡。

團扇出現在西漢時期，又稱絹宮扇、合歡扇，是當時後宮女子的飾品；因為這首詩的出現，便有了「秋涼團扇」的典故。

這位寫詩的才女就是班婕妤。她出身顯赫，祖上多在朝中為官，父親班況也曾獲擢升為左曹（在皇帝左右處理文書的官員）、越騎校尉。她從小聰明伶俐，不愛打扮愛讀書，遍覽家中藏書，吟詩作賦自是不在話下，歷史典故也能信手拈來，是位名副其實的才女。

後來，漢成帝劉驁即位，班婕妤被選入宮。她剛開始被封少使，是宮中的低階嬪妃。但她並不因此悲傷，儘管一入皇宮深似海，但讀書能解萬般愁，每天盡是安靜地讀書、寫字。

有一天，漢成帝在宮裡閒逛，遠遠看到一位美麗嫻靜的女子，有著與眾不同的氣

質，讓漢成帝驚為天人。

漢成帝召見了班氏，封為婕妤。「婕妤」是什麼意思？一如大臣職位有高低，後宮嬪妃也有等級高低，不同的品級有不同待遇。例如漢成帝時，後宮宮制分為：昭儀、婕妤、娙娥、容華、美人、八子、充衣、七子、良人、長使、少使、五官、順常、舞涓等十四個品級；婕妤的地位僅次於皇后和昭儀，漢成帝對班婕妤的喜愛由此可見一斑。

班婕妤很快便為皇帝誕下皇子，但不幸的是，孩子沒幾個月就夭折了，她第一次體會到刻苦銘心的痛是什麼滋味；幸好漢成帝非常關心疼愛她，減輕了她的悲傷。

漢成帝為了能時時刻刻與班婕妤在一起，原想命人製造一輛很大的輦車，以便與心愛的女人一同出遊，但熟讀史書的班婕妤冷靜地拒絕了。她說：「古代聖賢之君都有名臣在側，亡國之君都要美人作陪：夏桀有妺喜，商紂有妲己，周幽王有褒姒，最後都落得亡國的下場。我如果和您同車進出，那就跟她們沒有兩樣了。能不令人警惕嗎？」

儘管漢成帝心裡有些失落，但年輕的他也想有所作為，於是打消了同車出遊的想法。

皇太后王政君聽聞此事，對班婕妤的做法非常欣賞，對左右親近的人說：「古有樊姬，今有班婕妤。」樊姬賢慧能幹，曾輔佐楚莊王成為春秋五霸之一；現在太后把班婕妤與她並列，表示對她的高度評價。皇帝喜歡，太后稱讚，一時之間班婕妤風光無限，但她卻始終保持頭腦清醒，從不恃寵而驕，對人寬厚仁愛，也不與許皇后爭寵爭權，就連皇后對她也很敬重。

她想用自己的言行影響皇帝，希望他能成為一代明君。

可惜她高估了丈夫的能力與決心。一對來自民間的姊妹擾亂了皇帝的內心，也破壞了後宮的寧靜。

她們就是趙飛燕與趙合德。

有次，人到中年的漢成帝微服出遊至陽阿公主府，看到府中的歌女趙飛燕，那纖盈的身材、天仙般的舞姿，直接勾走了他的魂。他將趙飛燕帶回宮中，夜夜纏綿。後來又聽說趙飛燕的妹妹更漂亮，便下令宣趙合德進宮，一時之間將後宮粉黛全都拋到了九霄雲外，專寵趙氏姊妹，懶理政務。

趙飛燕和趙合德沒讀過什麼書，也未勸誡皇帝收斂，反倒恃寵而驕、飛揚跋扈，一心剷除異己，甚至垂涎皇后大位。

趙氏姊妹的受寵遭到了許皇后的嫉恨：想我出身名門，父親許嘉乃是大司馬、車騎將軍，小小的歌女竟然想搶我的位子？但這時候剛好發生了一件事：許皇后的親姊姊平安剛侯夫人許謁在宮中設置神壇，反覆誦念咒語，詛咒後宮中有孕的王美人和成帝的舅舅王鳳，這就是原本流行於民間的巫蠱之術——起源於遠古時期，古人相信詛咒能使仇敵遭到禍害。

世界上沒有不透風的牆，事情很快被揭發——據說是趙氏姊妹向太后揭露的。趙氏姊妹想藉機把對她們有威脅的嬪妃一網打盡，其中也包括失寵的班婕妤。漢成帝知道許皇后與巫蠱之事有關後，一怒之下廢了許皇后，將她打入冷宮；可是他不太相信知書達理的班婕妤竟會參與此事，於是親自召見班婕妤詢問。

班婕妤不愧是學霸，她從容應對道：「我自幼飽讀詩書，知道人的壽命長短是命中注定的，人的貧富也是上天注定的，並非隨意就能改變。做善事尚且不能得到福分，難道做壞事可以得到好報嗎？如果鬼神上天有知，怎麼會聽信巫蠱的祈禱？如果神明無知，詛咒又有什麼用？我沒做這樣的事，更不屑做！」

漢成帝啞口無言。念及舊情，不僅不再追究，還大大賞賜了班婕妤，以彌補心中的愧疚。

在學霸班婕妤面前，趙氏姊妹不過是小兒科。

熟讀史書的班婕妤明白，在爭權奪利的後宮中，只有急流勇退，才能明哲保身，否則下場可能會像過去的戚夫人一樣，一個不小心，連命都沒了。聰明絕頂的她上了一份奏章，要求前往長信宮侍奉非常不喜歡趙氏姊妹的王太后。大樹底下好乘涼，以後看誰敢輕易誣陷她？

從此深宮高牆，猶如牢獄，每天只能空對月。班婕妤寫詩作賦，抒發心情，留下許多詩篇，如〈團扇歌〉〈自悼賦〉〈搗素賦〉等。

不久，趙飛燕被封爲皇后，趙合德也成了昭儀，兩姊妹風光無限。但好景不長，漢成帝因縱欲過度，死在趙合德的床上。引起朝廷上下公憤的趙合德被逼自殺；沒過幾年，趙飛燕也被貶爲庶人，自殺身亡。

漢成帝死後，班婕妤知道宮中必有一番腥風血雨，步入晚年的她懶得理會是是非非，於是主動要求到成帝陵守墓，大概一年後，她就病逝了。

班婕妤的家族成員基本都是學霸，兄弟有班伯、班斿（音「游」）、班稚等；班稚的兒子是班彪，班彪又生下兒子班固、女兒班超，都是東漢著名的史學家。

38

有學有德更有才

——明德皇后

明德皇后馬氏是東漢開國功臣伏波將軍馬援的小女兒。父親戰死沙場，哥哥因病去世，母親藺夫人因丈夫與兒子相繼離開，傷心過度而死。這樣的童年造就了馬氏穩重與堅毅的性格，當時年僅十歲的馬氏，就像成年人一般料理家事，將裡裡外外打理得井井有條。

光武帝劉秀念及大將軍馬援的戰功，於是將十三歲的馬氏選入太子宮，讓皇后陰麗華親自照顧。馬氏很有學習天賦，而且很懂事，皇宮裡上上下下都喜歡她。太子劉莊很想成爲如同父親光武帝那樣的明君，也希望能娶到像母親陰麗華那樣的女性。等到光武帝駕崩，漢明帝劉莊即位後，便立了馬氏爲貴人。後來官員們上奏，希望皇帝早日確定皇后人選，這時皇太后陰麗華說：「馬貴人的德行在後宮中是第一的，就立她吧。」馬氏就這樣冊立為皇后。

馬氏成為皇后後，變得更加謙恭謹慎。她認眞學習《易經》《春秋》《楚辭》《周禮》等經典，從不沉迷於外表的裝扮，還常常穿著沒有任何裝飾的粗布衣服。後宮的妃子和公主們還以為馬皇后那身粗布衣服是什麼罕見的布料，畢竟皇后怎麼可能穿奴婢的衣服呢？結果大家發現，皇后身上穿的還眞是粗布！衆人都不理解這是怎麼回事，馬皇后才不好意思地解釋道：「這種布料適合染色，所以我才穿的。」大家都暗自欽佩馬皇后的節儉。

馬皇后不僅有德，更有才。漢明帝下朝後，曾向皇后請教朝堂上難以解決的事情，沒想到馬皇后對答如流、分析透徹，還能提出切實有效的解決方案，為漢明帝提供了許多幫助。但她從來不主動插手政治，只要皇帝不主動提起，馬皇后絕不插嘴。她不光在事業上輔佐丈夫，在感情生活上，也從不胡攪蠻纏、爭風吃醋。馬皇后感嘆，明帝的子嗣不多，自己又無法生育，因為怕劉家的香火不旺，所以凡是得到皇帝寵愛的人，她都想方設法地提高對方的待遇。

在馬氏還是貴人時，她異母姊姊的女兒賈氏被選入後宮，生了一名兒子叫劉炟（音「達」）。漢明帝同情馬氏不能生育，便讓她負責養育劉炟；等到馬氏立后，養子劉炟也成為太子。馬氏視劉炟如己出，悉心教導，把劉炟培養成一名孝順、敦厚的接班人。漢明帝去世後，劉炟即位，是爲漢章帝，而馬皇后也變成了馬太后。按照慣例，老皇帝的妃子們都要搬到南宮居住，騰出地方給新皇帝的嬪妃，待遇不可同日而語。馬太后於心不忍，於是賜給那些年老的妃子們許多錢財布帛，讓她們得以安享晚年。

照理說，都當上太后了，總該放鬆點了吧；但馬太后依然謹小慎微，如履薄冰，從不爲自家人撈好處。就算漢章帝想幫幾位舅舅加官進爵，馬太后也堅決不肯。

第二年夏天，天下大旱，許多大臣私下議論，這是因爲未封賞外戚的緣故。有些官員便因此上奏漢章帝，認爲應該遵守以前的制度；刻意破壞舊制度的話，會讓老天震怒的：您看吧，天下大旱了。

有些人可能很難理解：這些官員也太會扯了吧，天下大旱跟封賞外戚有什麼關係？事實上，裡頭可是大有文章呢。

原因之一是有很多想往上爬的人，他們都想找個理由討好權貴。這些外戚如果在他們的力挺下封了爵，就等於幫自己卡好了位子、找好靠山，升官發財不就是遲早的事嗎？封賞外戚的最終目的，就是封賞自己，所以古代許多大臣都熱衷於推薦太子、皇后的人選。

原因之二是有些權貴不方便直接向皇帝提出要求，只能透過別人的嘴。總不能直接跑到皇帝那裡說：「請您給我封賞吧！不然老天會發怒的！」這時，那些別有用心的人就可以派上用場，在皇帝面前幫忙搖旗吶喊。

馬太后何其精明，自然知道箇中緣由，特意下詔通告群臣：「所有議論封賞外戚的人，不過是想獻媚討好我，以求得私利罷了。以前漢成帝在同一天爲王太后的五名弟弟封侯，結果如何呢？黃霧彌漫，天下的災情反而變得更嚴重了。以前的外戚田蚡、竇嬰等人倚仗皇帝對他們的寵愛，橫行霸道，結果如何呢？身死族滅。先皇還在的時候，一向嚴格約束外戚，不讓他們擔任重要的官職；就算是先皇的親生兒子，也只分封到一些較小的土地。現在有些官員憑什麼希望外戚得到封賞呢？

「身爲皇太后，我時常約束自己，穿著粗布衣裳，吃著普通飯菜，身邊的隨從也未穿著豔麗的衣物。我就是想藉此做爲其他人的表率。本以爲外戚們看到這種情況，會加強自我約束，但有人竟然笑話我這個老太婆太過簡樸。以前外戚們來看望我時，排場總是相當盛大，車如流水，馬如遊龍，他們的奴僕所穿的衣服，都把我那些隨從狠狠地比下去了。但我並沒有發怒譴責他們，只是罰了那些人一年的俸祿，希望他們以後做事更謹慎些，做人更自律些。現在看來，他們並未悔改。我怎麼能改變先帝的旨意，損害馬氏祖先的良好德行，不吸取前朝教訓、重蹈覆轍呢？」

這番話引經據典，有理有據，不怒而威，斷了所有人的歪念頭。

此外，馬太后經常賞賜外戚中行為樸素的人，嚴厲斥責行為不端、行事高調的親戚，將那些乘豪車、穿華服但不守法的人統統遣回鄉下種田。在她的影響下，外戚們行事謹慎，律己甚嚴。

馬太后始終嚴於律己，寬以待人，贏得了三任皇帝（漢光武帝、漢明帝、漢章帝）的尊敬與信任。她雖有政治才能，卻從不主動過問政事，平常只是帶帶孫子，整理明帝的日常言行紀錄，最終寫成了一部很有價值的作品《顯宗起居注》，還不經意地開創了一種新的史書體例，也就是「起居注」。影響所至，後世有專人從事帝王起居注的編撰，隋唐開始便有「起居舍人」「起居郎」等官職。只可惜她死的時候只有四十多歲，諡號明德皇后。「明德」二字，足以反映出馬氏在人們心中的地位。

好帥！

老公好帥喔！
對了，皇帝今天說了…

39 國家就交給我來守，但誰來守護我呢？

——秦良玉

「報告大王，石砫（今重慶市石柱土家族自治縣）的那個老太婆就是不肯投降。」

屬下的報告讓沉浸在「登基」喜悅中的張獻忠憤怒不已。他狠狠地拍了一下龍椅的扶手，隨即又陷入了沉思。

那個老太婆一定是上天派來懲罰我的。

「算了，由她去吧！」一向殺人不眨眼的張獻忠無奈地嘆了一口氣。

明朝崇禎十七年（西元一六四四年），闖王李自成率軍攻入京城稱帝，一時之間，各地有實力的人紛紛仿效他，自封爲帝。張獻忠在這樣的背景下建立了大西政權，在成都坐上皇帝寶座。四川和貴州官員見風使舵，笑呵呵地迎接張皇帝。

然而偏偏有一個快七十歲的老太太不肯投降，還寫了一篇〈固守石砫檄文〉以表決心：老娘待在石砫不走了！你敢來，我就敢打！

一想到這位老太太，張獻忠就頭痛。

許多石砫附近的老百姓紛紛跑到這位老太太的轄區避難，這裡管吃、管喝，還管住。

安頓好百姓後，老太太環顧四周，除了孫子，她已沒有別的親人了：丈夫被害去世，兩位哥哥、一名弟弟，還有兒子和兒媳全都戰死。滿門忠烈，她是該歇歇了。

明朝末年，四川忠州（今重慶市忠縣）有一位苗族小女孩出生了。秦葵為女兒取名「秦良玉」，看著可愛的女兒，他笑得眼睛都瞇成了一條縫。秦葵是個很有見識的讀書人，如今朝中貪腐橫行，官員忙著爭權奪利，皇帝沉迷吃喝玩樂；另一方面，百姓則是流離失所，到處都是快爆發的怒火。他有預感，社會即將迎來大幅動盪。於是除了教孩子們讀書識字外，他還教他們演練陣法，鍛鍊槍棍刀箭之術，即使將來不能建功立業，也能保護自己和家人。

令他意外的是，女兒的文韜武略遠超過她的兩個哥哥。秦良玉從小盡顯學霸本色，不僅聰明伶俐，而且勤奮刻苦。

《明史》說她：「文翰得風流，兵劍諳神韻。」秦葵則感嘆道：「哥哥和弟弟都不及妳，只可惜妳非男兒身，否則日後定能建功立業、封侯拜相。」

「誰說女子就不能建功立業？平陽公主和冼夫人（南北朝知名女性領袖及軍事家）不就是以女子之身建功立業嗎？」女兒反問道。

秦葵激動不已，他彷彿看到了女兒光明的未來。

長大後的秦良玉看上了東漢伏波將軍馬援的後代、石砫宣撫使馬千乘，此人低調謙虛，且能征善戰。馬千乘得此妻子，簡直如虎添翼，兩人聯手打造出明末威震天下的部隊「白桿兵」，是一支擁有山地作戰優勢的特殊部隊。

萬曆二十七年（西元一五九九年），播州（今貴州省遵義市）的世襲土司（封授給西部地區少數民族部族頭目的官職）楊應龍在播州發動叛亂，當地官府被打得落花流水。後來朝廷任命李化龍總領四川、湖南、貴州三省軍隊，兵分八路攻打楊應龍，在朝鮮戰場上立過戰功的馬千乘也率白桿兵出征，秦良玉還親自帶領五百人押送糧草，夫妻一齊上陣。

總督李化龍認爲，這麼多人打一個小小的土司，絕對可以輕鬆拿下。於是他大擺筵席，準備吃飽喝足後，再一舉拿下楊應龍。沒想到楊應龍在衆人嘴巴抹油、喝酒唱歌時突然偷襲，打得李化龍變成了蟲。

在一旁冷靜觀察的秦良玉與丈夫馬千乘終於出手了。楊應龍沒想到，敵軍竟還有

誰說女子
就不能建功立業？

這樣一支驍勇的部隊，趕忙鳴金收兵。

秦良玉夫妻率領白桿兵連克敵人多座營寨，生擒守將。白桿兵的反擊鼓勵了其餘部隊，李化龍乘機大破叛軍。平定楊應龍叛亂後，李化龍頒了一枚銀牌給秦良玉，上頭刻著「女中丈夫」四個大字。秦良玉一戰成名，成爲西南地區家喻戶曉的「女明星」。

在夫妻倆的努力下，石砫地區成了明朝風雨飄搖中的安寧世界，許多百姓慕名而來，想在這裡安居樂業，而馬千乘與秦良玉這對恩愛小夫妻也就成了大家的守護神。

沒想到，有人心懷不軌，破壞了他們美好的生活。

既然石砫這麼好，油水想必少不了。朝廷派太監邱乘雲監軍——這對大部分太監來說，是個大撈油水的好機會，但當時馬千乘得了暑病，沒有招待好邱乘雲。邱乘雲臉色鐵青，心中暗暗咒罵：「你以爲自己是什麼東西？不過打了幾次勝仗，有什麼了不起的？捏死你就跟捏死螞蟻一樣輕鬆！走著瞧！」

王朝的滅亡多半是從放縱小人開始的。邱乘雲回京後，便開始編造理由誣陷馬千乘，說他擁兵自重，不把朝廷放在眼裡。

馬千乘因此入獄，也因爲得不到妥善的治療，最終病死獄中。朝廷保留了馬千乘石砫宣撫史的世襲職位，但由於馬千乘的兒子馬祥麟年紀還小，因此讓秦良玉繼承了丈夫的職位。

儘管秦良玉悲痛欲絕，她對朝廷卻仍忠心耿耿，依然爲了明朝四處征戰，成了朝廷的一柄利刃。在對抗努爾哈赤的後金軍時，秦良玉的哥哥戰死，弟弟受傷。

到了崇禎皇帝繼位時，明朝已是搖搖欲墜。第二年，努爾哈赤之子皇太極即位，改國號爲「大清」。他率軍進入中原，一路殺得明軍膽戰心驚，紛紛跑路。

値此危急關頭，秦良玉奉召進京勤王。但朝廷已經付不出軍餉，怎麼辦？那我來變賣家產吧！她拿出家中資產充當軍餉，帶著白桿兵加入了勤王大軍，爲國家衝鋒陷陣。

皇太極沒能一鼓作氣取得勝利，最後棄城而去。此役過後，崇禎皇帝親自接見秦良玉，並作詩四首，以表彰秦良玉的功績；此外，還賞賜錢糧美酒，封一品夫人，加封太子少保，掛鎭東將軍印——鎭東將軍爲四鎭將軍之一，主要任務是討伐叛軍、鎭守四方。

可惜安穩的日子沒過幾年，清軍捲土重來，農民起義也點燃大地。張獻忠、羅汝才等人趁天下大亂，從陝西進入四川燒殺搶掠，攻陷夔州（今重慶市奉節縣）。爲了保衛家鄉，秦良玉和兒子馬祥麟前後夾擊，打得張獻忠丟盔棄甲，被迫接受朝廷招安。

沒過幾年，不甘心的張獻忠再次聯合羅汝才叛亂。羅汝才攻打夔州，秦良玉率軍抗擊，一路斬殺敵將多人，最後直接奪取了羅汝才的帥旗。

天下大亂，明朝彷佛一塊爛肉，從上到下長滿蛆蟲，白桿兵再怎麼英勇，仍是孤掌難鳴。在平定叛亂的過程中，秦良玉的弟弟、兒子、兒媳、姪子先後戰死，當初的白桿兵也逐漸勢弱。伴隨著明朝滅亡，曾經的巾幗女將也到了風燭殘年。

南明政府加封她爲忠貞侯，但國破家亡的她累了。她無力改變局勢，只想在生命的最後幾年，好好守護她奉獻了一生的石砫。

清順治五年（西元一六四八年），七十五歲的秦良玉閉上了疲倦的雙眼，壽終正寢。她成爲中國歷史上唯一一位憑戰功封侯，載入正史將相列傳的女將軍。

40

即使身處閨閣，雄心仍勝男兒

——王貞儀

兩百多年後的今天，世界各國仍以各種方式來紀念一名女性，一名對科學有極大貢獻的女性。世界極具權威的科學學術期刊《自然》將她選入「為科學發展奠定基礎的女性科學家」；國際天文學聯合會也曾以她的名字為在金星上發現的環形山命名。

在閉關鎖國的清朝，有一位很早就睜眼看向世界的女性；如果不是一場大病奪走了她年輕的生命，說不定她會做出更多驚天動地的事情。

她就是清朝女科學家王貞儀。

乾隆三十三年（西元一七六八年），王貞儀出生於江寧。她的祖父王者輔曾任宣化知府，此人不愛文學愛算術，藏書豐富，是王貞儀的數學啟蒙老師；父親王錫琛不愛

八股愛醫學，科舉沒考上，索性直接做了救死扶傷的醫生，也成了王貞儀的醫學指導老師。

十一歲時，王貞儀跟著祖母為祖父奔喪，藉機讀到祖父的大量藏書；又隨父親去北京、陝西、湖北、廣東和安徽等地遊覽名勝古蹟，接觸大自然。仍年幼的她，在這些經歷中如飢似渴地學習著。

那個時代的女子識字，為的是能嫁個好人家。但王貞儀與眾不同，她在長詩〈題女中大夫圖〉中，寫下「足行萬里書萬卷，常擬雄心似丈夫」的豪言壯語。

當時已經有西洋的科學書籍經由各種途徑傳到了中國，並被翻譯成漢語，讓少數人明白了地球是圓的、月食是一種自然現象……只不過文人忙著寫八股文，沒人重視自然科學；畢竟，就算知道地球是圓的，難道就能考上科舉做大官嗎？

但王貞儀覺得有用。她開始廢寢忘食地學習科學、進行科學研究；若是手邊沒有書中提到的科學儀器，她就自己做。有一段時間，她總是緊閉門窗、躲在屋裡進行天文實驗；某天，喊她吃飯的母親在門外等了許久，卻不見女兒出來，母親便好奇地從門縫裡窺視，哎喲！

只見有盞燈懸掛在房梁上，就像顆小小的太陽；燈下還有一張小小的圓桌。女兒手裡拿著鏡子，一邊移動，一邊觀察，一邊記錄。母親納悶：這孩子到底是在幹什麼？她不知道的是，王貞儀正在研究月食等天文現象；而不久後，著名的〈月食解〉橫空出世。

這篇文章詳細且生動地闡述了月食和月望等知識，深入淺出地說明了月亮的陰晴圓缺，是世界上第一份完整講述日月食成因的科普文章。此外，王貞儀還充分發揮繪畫才能，搭配插圖，讓人一看就懂。

這一年，王貞儀不過二十歲。

當時的社會沒有人會重視這種文章；更何況，如果你把關於天的事情說得太科學，那麼君權神授的說法不就會遭到質疑嗎？

面對眾人的不解和嘲笑，她在著作《葬經辟異序》和寫給她父親的一封信裡明確表示，風水迷信完全是騙人的鬼話，並寫下兩句詩：「始信鬚眉等巾幗，誰言兒女不英雄。」

你們笑你們的，我研究我的。

她繼續閱讀大量天文著作，長年堅持夜觀天象，還積極宣傳「日心說」。在〈地圓論〉中，她生動地解釋了當時人們所提出、站在圓形地球「邊緣」和下半球的人爲什麼不會傾斜和摔倒的問題。

受到祖父的影響，除了天文，她還精通數學。她吸收了當時流行的梅文鼎等數學流派，再結合西方數學的方法，改進算術，化繁為簡，寫了一系列高品質的科普書籍：《勾股三角解》《曆算簡存》《籌算易知》《象數窺餘》《西洋籌算增刪》等，讓大家都能懂數學、好好用數學。

王貞儀對天文、數學、氣象、地理、醫學、文學等方面都有研究，寫了很多科普書籍。二十五歲時，她嫁給安徽宣城秀才詹枚，婚後夫妻感情和睦，丈夫也很支持她的事業。只可惜天妒英才，二十九歲時，王貞儀一病不起；儘管如此，臨終前，她仍囑咐丈夫與好友，將自己多年的研究心血與科普著作印刷出版，以供後人學習。遺憾的是，丈夫的家人怕這些顛覆人們認知的書要是真的印了，將會招來災禍，於是把王貞儀的書或燒或藏，最終只刊印了一小部分。

清代著名學者錢大昕稱她「班昭之後，一人而已」。

第七章

要學就學萬人敵

41 就算有技術，也要知識幫撐腰

——額勒登保

乾隆年間，大將海蘭察注意到身邊有一名侍衛，此人打仗不怕死，敢於衝鋒陷陣，屢建戰功，被授予「巴圖魯」（勇士）的光榮稱號。但論到率領隊伍、運籌帷幄，火候還差了點，得提點提點他才行。某天，海蘭察叫來這位巴圖魯：「你這小子雖是可造之才，但得讀些兵法。我這裡有本好書，你拿去好好研究研究。」一看，這不是滿文版的《三國演義》嗎？聽是聽說過，但沒有仔細讀過。巴圖魯看著已被海蘭察翻得有點破爛的書，如獲至寶。

長官說這是好書，一定就是好書！

他把握任何空閒時間，如飢似渴地開始閱讀，而且越讀越覺得有趣。有意思，真有意思！仗還可以這麼打？不出幾個月，記憶超群的他已把《三國演義》的內容爛熟於心。

海蘭察聽說此事後，非常高興，便把這位巴圖魯叫來，想考考他：呂布火燒濮陽和諸葛亮火燒新野，結果為何不同？黃忠駐兵定軍山，結果斬了夏侯淵；但馬謖同樣駐紮在山上，怎麼就退不了司馬懿？司馬懿那麼厲害，為何無法識破諸葛亮的空城計？

聽到海蘭察提出的問題，巴圖魯張大嘴巴呆在原地。

海蘭察笑著說：「看來你讀書只顧著看熱鬧，沒看出門道。讀書時一定要注意推敲裡面的細節，再結合你平時的經驗，悟出一些實用的東西來。」

這位巴圖魯撓了撓頭，不好意思地笑了，表示自己一定會好好重讀過。

這回，他讀書的速度放慢了，光是赤壁之戰就反覆讀了六、七遍，每個故事他都認眞推敲，再結合自己的實戰經驗，得到了很多軍事上的啓發。

過了一段時間，海蘭察又來考他了。「出其不意，攻其不備」是什麼意思？「避實擊虛，因敵制勝」在書中是怎麼體現的呢？你覺得身為主將，最不能做的、最不容易做的又是什麼呢？

這次，巴圖魯從容應答，結合兵法與書中的事例，講得頭頭是道。海蘭察對他的

是的！長官！
讀書不能只看熱鬧，
卻沒讀到門道！
三國
演義

表現很滿意，士別三日，即更刮目相看。海蘭察又繼續鼓勵他：「善用人者不以言，善用兵者不在書。馬謖之所以失敗，是因爲他只知生搬硬套，無法活學活用，書讀得多，反而成了負擔。」

巴圖魯非常感激海蘭察的提點，更努力將自己學到的知識融會貫通，好爲有朝一日親身實踐做準備。

機會來了。

廓爾喀（今尼泊爾）受西藏喇嘛沙瑪爾巴唆使，找了個藉口入侵西藏。乾隆五十六年（西元一七九一年），海蘭察率軍反擊，先是派出那位巴圖魯率三千人爲先鋒，攻克要塞擦木。面對地勢險要、易守難攻的擦木，巴圖魯想起《三國演義》裡的故事，決定來個聲東擊西，半路埋伏。不料對方也非等閒之輩，嘗過幾次苦頭後，痛定思痛，來了個將計就計，巴圖魯反遭埋伏，還差點丟了性命。

此役過後，巴圖魯垂頭喪氣，把自己的設想和戰事經過仔細跟海蘭察交代了一遍，但他怎麼都想不到問題出在哪裡。海蘭察並未怪罪他，而是又給他上了一課：「兵法說，凡用計之難不在首次，而在第二次；知己知彼，百戰不殆。你沒摸清對方的底細，而且他已經吃過幾次埋伏的虧，還會繼續再吃嗎？」

巴圖魯直冒冷汗，看來自己的修爲還是太淺，還得更認眞研讀兵法才行。

後來，他主動請戰攻打擦木，靈活運用《三國演義》中的戰法，七戰七捷。廓爾喀戰役結束後，這位巴圖魯變成了大功臣。

他，就是清朝有名的將領額勒登保。

額勒登保對《三國演義》的研讀並未到此結束，他不斷結合廓爾喀戰役中敵我雙方的經驗，將《三國演義》讀得更深入，以期得到更多啓發。他從醒來讀到睡前，書也被他翻得更破爛了。

後來他又參與大大小小的戰事，屢建戰功，晉升三等公爵，獲乾隆和嘉慶兩位皇帝重用。

額勒登保並不是天資聰穎的人，他的優異戰果正是透過持續的閱讀、實踐和印證慢慢累積而來的。天賦奇才的人本來就很少，但只要端正態度、堅持學習，人人都有機會成爲自己所屬領域中的學霸。

42

光會打架是成不了事的

——狄青

宋仁宗在位後期，北宋經常遭到西夏騷擾，西北前線亟需守將，於是范仲淹被緊急調往西北邊防擔任主帥。文武雙全的他，一到了西北地區，立刻勘查地形，明確了「積極防禦」的方針。他一邊主持修築城寨、訓練軍隊等工作，一邊物色可爲己所用的人才。

最好的防禦就是進攻，但進攻必須先選良將，且良將都是萬裡挑一的人才，哪那麼容易就能找到？

「報告大人，尹洙求見！」

「尹洙？莫非他有好消息？請他進來！」

范仲淹曾拜託部將尹洙留意邊關的人才，而且他是位有眞才實學的軍事理論家，寫過〈敘燕〉〈息戍〉〈兵制〉等文章；但他畢竟是文人，不擅長騎馬衝鋒。

「大人，好消息，好消息，我找到良將了。」尹洙帶著滿臉興奮走進來。

「喔？是什麼樣的人？」

尹洙談到一名年輕人。

那人絕對是個狠角色。年輕時和同鄉打架，竟把對方打成了傷殘人士，他也因此被捕入獄，被判刺配（在罪犯臉上刺字、註銷戶口，再發配充軍的刑罰），臉上從此留下了無法磨消的痕跡。

沒想到這名少年到了軍隊後，倒像魚兒遇上了大海。他很快就適應了軍旅生活，還學會了騎射，這可讓他打架的本領有了能充分發揮的空間：衝鋒時，他帶頭；失敗時，他斷後。他參加過大大小小二十多場戰役，身負多處箭傷。而且此人曾帶兵成功偷襲西夏後方，焚燒敵人數萬石糧食，還俘虜了五千多人。

有一次，他雖然受了傷，但聽說西夏軍攻來，立刻像彈簧一樣從床上跳起來，拿起鐵槍直接衝上前去。士兵們深受鼓舞，也抄起武器跟著他衝過去；反倒是西夏人先怕了，主動撤退。

此人打仗前必先戴上一副銅製面具，披頭散髮，如同惡鬼一般，敵人光看便覺得害怕，望風披靡。

媽呀！
是看到鬼喔？

「哈哈，有意思，你趕快叫他過來。」聽完「狠角色」的故事，范仲淹對此人產生了興趣。

這名年輕人名叫狄青。

雖然范仲淹提拔狄青當了副將，但他發現狄青儘管勇武，卻胸無點墨，更不擅長兵法，準備好好磨練他。一天早上，狄青正在練武，長槍大刀舞得虎虎生風，在一旁看著的范仲淹叫道：

「好！好！」

滿頭大汗的狄青見主帥來了，連忙躬身施禮：「未將獻醜了，請大人指點！」

范仲淹拍拍狄青的肩膀，語重心長地說：「將不知古今，匹夫之勇，不足尙也。我這裡有《左傳》《漢書》等書，你拿去好好研究。」

狄青心悅誠服地點點頭，他知道范仲淹是爲了培養自己的軍事才能；更何況，范大人不但聲名遠播，更是當時受衆人追捧的「偶像」呢！

范仲淹的母親謝氏身世坎坷，一生飽嘗辛酸，只把希望寄託在兒子身上。范仲淹七歲時，母親教他識字，卻因爲買不起筆墨紙張，只得在地上用樹枝練習筆畫，直到十歲時，范仲淹才得以進入私塾讀書。謝氏以孟母爲榜樣，悉心教導兒子；范仲淹也以顏回爲榜樣，發憤求學。

范仲淹曾在繼父友人的引薦下，在鄒平（今山東省濱州市鄒平縣）的醴泉寺讀書。醴泉寺地處群山環抱之中，四周幽靜，是一處理想的讀書之地；住持慧通大師學問廣博精深，對范仲淹疼愛有加，爲他講授《易經》《左傳》《戰國策》《史記》等書。但寺裡的小和尚們常常吵鬧，爲了躲避寺內的喧譁，范仲淹在寺院南方一處僻靜的山洞裡讀書。爲了保持專注，他乾脆在山洞裡架起爐灶，自己燒飯；爲了節省糧食，他得控制好每天可用的米。晚上量好米，添好水，在小灶裡點燃山中拾來的木柴，一邊讀書，一邊煮粥；等粥煮好，都已經半夜了，他這才回去睡。

第二天清早起來，鍋裡的米粥涼透，凝固成一塊。范仲淹拿出小刀，把凝固的粥分成四塊：早晨兩塊，傍晚兩塊，一日兩餐便解決了，這也就是「畫粥」的由來。

天天吃白粥，沒配菜也不行啊，但小菜在哪裡呢？寺院周圍的山裡生長著野韭菜、野蔥、野蒜、野山芹、苦菜、薺菜、蒲公英等十幾種可食用的野菜。范仲淹白天去山洞讀書時，就順便拔幾株野菜，切成碎末後，再加入鹽攪拌一下，一頓大自然饋贈的小菜便搞定了。

這樣吃飯不但省時，省力，也省錢。在醴泉寺讀書的那三年，范仲淹基本就是過著「斷虀畫粥」的清苦生活；而這段時間的積累，也讓他成了文武雙全的當代大家和一整個時代的偶像。

有這樣的人提點，狄青豈能不聽？

從此以後，狄青一有閒暇，就會翻閱史書，研讀兵法，把秦漢以來的兵法背得滾瓜爛熟，並落實在戰場上。就這樣，他從一介「無謀匹夫」成長爲軍事專家。

有一次打仗時，他傳令軍中休息十日。敵方的探子回報了此一情況，對方還以爲宋軍不會馬上來攻。沒想到第二天，狄青派出騎兵，經過一天一夜的長途奔襲，出現在措手不及的敵軍面前，對方大敗潰逃。

狄青多次建立戰功，聞名天下，西夏人甚至稱他爲「狄天使」，意思是他在戰場上有如天神下凡，銳不可擋。宋仁宗親自接見他時，看到他臉上所刺的字，便說：「你現在已是地位顯赫的大將軍，朕可以特賜你以敷藥的方式除掉。」狄青卻淡定地搖了搖頭：「陛下不嫌棄我出身低微，論功行賞，把我升到這麼高的位置，末將已是感激不盡。至於這些黑字，我想留下來，士兵們只要看到它們，就會知道自己應該上進！」

聽罷，宋仁宗更喜歡狄青，並提拔他爲樞密副使。曾在街頭打架鬥毆的小混混，如今也是北宋軍事系統裡數一數二的人物了。勇猛好鬥給了他謀生的手段，而在范仲淹的提點下，他開始學習，才有了出人頭地的機會。

43

邊陲小城的守護者

——种世衡

「我要溪邊那塊田！」

「那我要東邊的那塊地！」

「田地你們要了，祖宅總是我的了吧？」

幾個兄弟及他們的老婆正爲了分家產爭吵，只有一個人默默坐在一旁，手裡還拿著一本書津津有味地讀著。

「喂，世衡，我們都分完了，你要什麼呢？」大哥走到正在讀書的弟弟面前，有些不好意思地開口；剛才分家好像把他給忘了。

「你們把家裡的藏書留給我就可以了。」他說話時依然盯著書本，連頭都沒抬。

北宋時，隨著造紙和印刷技術的進步，書已經算不上奢侈品了。自認爲占到便宜的兄弟、嫂嫂、弟媳們都滿意地點頭：沒問題，家裡的書都給你。

這個人的名字叫种世衡。

他從小便癡迷於讀書，不想把時間浪費在爭奪蠅頭小利上。長大後，他成為一位學富五車的人，還獲舉薦做了官。

在地方為官時，他充分發揮從書本中學來的本領。

擔任澠池縣（在今河南省三門峽市）知縣時，轄區的山上有座古廟，殘破不堪，於是他打算進行改建，以打造新地標。工程原本進行得很順利，後來卻遇到一個難題：新的主梁太粗、太重，那時又沒有吊車等重機械，無法光靠工人們搬上山。

怎麼辦才好呢？多雇人的話，就得增加預算，但縣裡財政已經很吃緊了；停工不修的話，豈不浪費先前已經投入的成本？

种世衡靈光一閃，計上心來。他從手下裡挑選出一批「肌肉猛男」，命他們剃光頭髮，打扮成相撲選手的模樣——日本的相撲運動其實是由中國傳入的，起源於春秋時期，宋朝則是中國相撲運動的顛峰期，經常可見各種表演，從皇帝到百姓，大家都很喜歡觀看。

种世衡讓這些假相撲選手列隊走在街上，並四處張貼廣告：後天新廟裡有精采的相撲表演，免費觀看，不收門票！

到了表演的日子，來了不少看熱鬧的老百姓。這時，种世衡站在高處對大家說：「各位鄉親父老，今天是新廟上梁的好日子，我想請大家一起幫忙把梁柱抬到山上，幫忙抬梁柱的人，一定會獲得佛祖保佑！」

好！百姓們興奮地高喊，反正都要上山，又是幫佛祖的忙，當然樂意。

在一片歡呼聲中，梁柱輕鬆就藉眾人之力搬到山上。接著，假相撲選手們開始表演，觀者皆盡興而歸。

种世衡輾轉在各地為官，政績一直都很優秀。

當時西夏在李元昊的帶領下強勢崛起，經常騷擾宋朝臣民。范仲淹被朝廷委以重任，前往邊關，以維護西北穩定。

种世衡曾在范仲淹手下擔任低階軍官。一開始，范仲淹想畢其功於一役，一口氣打趴西夏，沒想到連續吃了敗仗。後來，种世衡在前線觀察地形後，建議范仲淹：延州（今陝西省延安市）東北方兩百里處有一座廢棄的城鎮——寬州，可以在這裡修建一座城堡，做為抵禦西夏的第一道防線：往西可保護延州，向東可接應河東的糧草，向北還能威脅西夏的銀州、夏州。

范仲淹一看，覺得真是好方案！當即提拔种世衡，讓他負責建築工事，要錢給錢，要人給人。

但才剛開始動工，种世衡就遇到一個大問題：西北缺水，要是找不到水源，堡壘早晚要荒廢。幸好种世衡見多識廣，他知道就算地上沒水，地下也一定有，於是下令鑿井，可是第一口井已經挖了五十多公尺，仍沒看到水，還挖到了一塊大石頭。

工匠們洩氣地說：「這裡沒有水啦！」

「繼續挖，只要把這塊大石挖穿，一定有水！每鑿出一筐石頭，賞錢一百！」於是大家拚命挖，真的把石頭挖穿的那一刻，地下水噴湧而出。

緊接著，城裡又陸續打了幾口井，取水問題迎刃而解。這段故事在北宋蔚為佳話，而朝廷也為這座城取了一個富有詩意的名字——青澗城。

建城的過程裡，也曾遇到西夏軍隊騷擾，企圖阻礙工程進行，沒想到种世衡邊進行工程邊打敵人，最後竟在沒有延誤的情況下，建造出這座意義非凡的前線城市。

接下來，种世衡又在青澗城周圍開墾大量田地，並吸引各地商人前來進行交易，位在西北邊陲的這座小城便漸漸繁榮起來。

种世衡成了守衛邊境的將軍，他不僅要拚青澗城的經濟，更要打造一支能征善戰的邊境軍隊。他重視軍事訓練，但也十分體恤下屬，對士兵家屬的照顧更是無微不至，因此部屬們對他都很死忠。

為了能更有效打擊李元昊，种世衡巧施苦肉計，成功安排大量間諜潛入西夏境

相信我，
一定有！
大人，
這裡沒有水啦！

內，進行埋伏。

有一次，他惡狠狠地責打帳下的一位將領，聽著對方殺豬般的慘叫聲，大家都以爲兩人之間是不是有什麼深仇大恨。

後來，這位將領投奔西夏，受到李元昊重用，還進入最高軍事機關樞密院工作。沒想到一年後，那人竟又跑回了大宋，並帶來大量寶貴的軍事情報。

种世衡也曾使用離間計，成功地借刀殺人，讓多疑的李元昊下令處死西夏的兩員大將——野利旺榮、野利遇乞兄弟，導致西夏的軍事實力受到重創。

爲西北帶來繁榮與安定的种世衡名聲越來越大，也越來越受當地少數民族的崇敬。當時環州（今甘肅省慶陽市）的羌族首領暗中與西夏來往，爲了拉攏羌人，范仲淹奏請宋仁宗調任种世衡爲環州知州。

環州有位羌人首領，名叫牛奴訛，天性高傲，從不拜見當地官員；但聽說种世衡任環州知州後，竟破天荒地前去迎接。爲了表示誠意，种世衡與牛奴訛約定，隔天親自去部落拜訪，做爲回禮。「偶像」大駕光臨，牛奴訛自然激動不已。不料當晚降下大雪，雪深及腰，屬下們都勸种世衡：「您還是別去了，路上太危險了。」

种世衡卻堅持要去：「不去怎麼行？我怎能失信於人？」牛奴訛本以爲這種大雪天氣，种大將軍是不會來了；當种世衡撥開積雪、出現在眼前時，牛奴訛嚇了一大跳，接著感動得熱淚盈眶：「以前就算天氣好的時候，也沒有當官的敢來這裡；您是第一個把我當兄弟的人！」從此任憑种世衡差遣。

除此之外，种世衡還在環州訓練了一批弓箭手，成為北宋在西北邊陲一支戰鬥力很強的特種部隊。

他死後，不僅當地少數民族的首領早晚前來哀悼，青澗城和環州百姓們也痛哭不已，以各種方式紀念他。

至於种世衡的後代，就這樣在西北扎了根，世代保衛邊疆，人稱「种家軍」。

44

該出手時就出手，一聲吼來皇帝抖——王竑

王竑的祖先曾跟著明太祖朱元璋打天下，但後來得罪了疑心病很重的皇帝，全家於是被貶到甘肅充軍。小時候的王竑在老師周璠的嚴厲指導下，經、史、子、集、騎射、野外偵察……樣樣精通，「德智體」三方均衡發展。

王竑從小就是個性情剛烈的孩子。有一次，他在書中讀到岳飛遭奸臣秦檜害死，竟氣得一掌將書桌拍成兩半。

明英宗正統四年（西元一四三九年），二十多歲的王竑參加科舉，並以第五名的成績考上，得以進入文官系統；但當時的宦官王振專權橫行，剛正不阿的王竑很難得到王振及其黨羽的認可，結果被派去做觀政——這不是正式官職，用現在的話來說，就

是實習生。王竑實習了整整七年，正統十一年（西元一四四六年），時才正式授了個七品的戶科給事中，負責審批有關財稅方面的政令。

正統十四年（西元一四四九年），蒙古瓦剌部領袖也先率軍侵犯明朝邊境，明英宗朱祁鎮在大太監王振的鼓吹下，心血來潮，決定御駕親征。沒想到最後皇帝竟成了瓦剌的俘虜，明朝軍隊精銳盡失，這也就是歷史上著名的「土木堡之變」。

大明江山岌岌可危，京城裡亂成一團。堂堂大明，怎能受此奇恥大辱？文臣們早就對一手遮天的太監王振看不順眼，留在京城的大家在當時負責監國的郕（音「成」）王朱祁鈺面前冒死進諫，要求誅殺王振及其黨羽。明朝的文臣不乏敢說敢做之人，他們甚至帶著火藥，強調朝廷如果不懲處王振，他們就點燃火藥，大家同歸於盡。

朱祁鈺一時拿不定主意，倒是大臣們越說越激動，你一言我一語，矛頭直指王振；再想起被俘的天子，大家說到傷心處，朝堂上頓時哭聲一片。

錦衣衛指揮使馬順是王振的死黨，平時耀武揚威慣了，看到群情激憤的大臣們，便站出來大聲呵斥：「你們在這裡哭什麼哭！叫什麼叫！難道不怕死嗎？」

王竑突然站起身來，眼中放出兩道冷光，手指變成鋼爪，如雄鷹展翅般一把揪住馬順的頭髮，當下對著馬順疾風驟雨地就是一頓暴打。那可是錦衣衛指揮使啊！是錦衣衛的一把手！馬順沒想到自己竟會遭讀書人毆打，被這突如其來的事件驚呆了。

他正要反抗時，王竑突然死死咬住馬順的大餅臉，接著又從嘴巴裡吐出鮮紅的肉塊，大叫：「馬順，你以前依靠奸臣王振作威作福，現在到了這種地步，你還不知道害怕嗎？」

同樣被王竑的舉動嚇呆的大臣們此刻緩過神來：在這裡哭爹罵娘有什麼用？君子不但動口，更要動手，上！

群臣鬱積在胸中的怨氣統統化做連環拳、無影腳。你一拳我一腳的，就算是武功高強的錦衣衛指揮使，也被打得毫無招架之力。沒過多久，馬順就躺在地上一動也不動了。

毆打並沒有就此停止，王振的幾名黨羽也被活活打死。

朱祁鈺嚇壞了。平時養尊處優的他，哪裡見過如此血腥的場面，根本比戰場還恐怖啊，嚇得他拔腿就往外跑。

兵部尚書于謙眼看朱祁鈺要跑，心想這還得了，國不可一日無君；再說，如果讓別人當了皇帝，恐怕這群在朝堂鬥毆的大臣們很快都要去陪馬順了。

于謙上前攔住朱祁鈺，大聲說道：「殿下，馬順是王振的餘黨，其罪當誅，請殿下下令百官無罪！」

不下令眾人無罪行嗎？自己白嫩的臉什麼時候被咬下一塊肉還說不準咧！朱祁鈺

大家上！
揍死他！
君子動口，
更要動手！

趕緊下令逮捕王振及其黨羽，同時嘉獎百官的義舉。

就這樣，朱祁鈺在惶恐中登基了，成爲明朝第七任皇帝明代宗。在衆目睽睽之下率先動手打死錦衣衛指揮使，受罰是理所當然的。王竑知道自己麻煩大了，也沒打算苟活；而且能除掉朝廷奸黨，他已感欣慰。於是他叫來妻子兒女，託付了後事，便抬頭挺胸地進宮受死。從驚嚇中回過神來的明代宗一來需要安撫人心，二來他也看到了王竑的忠誠和勇氣；再說，法不責衆，大家都動手了，哪知道到底是誰打死馬順的？於是沒有追究王竑的責任。

王竑一戰成名。于謙看他不僅膽量過人，文章也很有見地，便奏請皇帝將他連升三級，成爲紫禁城北門提督，跟自己一起共同抵禦兵臨城下的瓦剌大軍。

朝廷有這麼多勇敢的大臣，還有什麼好怕的？于謙和主戰派官員所布局的京師保衛戰最終取得了勝利，風雨飄搖的大明王朝也總算安定下來。

京師保衛戰的勝利讓全國上下一片歡騰，但王竑卻上奏：瓦剌儘管戰敗，但實力不減，隨時可能捲土重來，因此現在必須立刻整頓防務，不可鬆懈。皇帝見他如此縝密細心，便讓他以文臣的身分成爲戍邊大將，鎮守居庸關。王竑到任後，並未急於操練士兵，而是從腐敗問題下手，整頓軍紀。他知道，要攻陷一座堡壘，最簡單的方式就是從內部攻破；要讓能征善戰的士兵失去鬥志，最簡單的方法就是貪汙腐敗。

他先是針對財務方面展開嚴格稽核。從小博學多才的王竑做起這項工作可說是得心應手，很快就揪出一群不法之徒；不論是仗勢欺人的「大老虎」，或是一聞到利益的味道就黏過來的「小蒼蠅」，全都成了王竑的刀下之鬼。他的鐵腕政策讓軍隊氣象爲之一新，也培養出強大的戰鬥力。據說瓦剌軍知道是王竑鎭守居庸關，竟不敢靠近，可見王竑在那個時代也算是「凶名遠播」。

後來，江南發生水災，因爲中央可用的錢糧全部用於抵禦外敵，完全沒錢賑災；而且漕運和鹽政早就從上到下爛到骨子裡，國家的稅收大量流進個人荷包。非常時期需要非常之人，皇帝與于謙不約而同地想到了這個狠角色——王竑。

國家沒錢沒糧，怎麼賑災？那就出狠招吧。王竑眼見情況緊急，不待朝廷同意，便開倉賑災，災區周圍的百姓全都跑過來領取，米糧很快就不夠用了，但目前只剩徐州廣運倉還有儲糧。眼看百姓越來越多，要是不妥善安置，一旦激起民變，就不好收拾了。王竑當然想打開廣運倉，掌管倉庫的太監卻強烈反對。這時，王竑大聲喝道：「如果因爲不開倉而激起民變，我就先殺了你，再向朝廷自請死罪。」

太監知道王竑的「光輝戰績」，自是嚇得瑟瑟發抖：錦衣衛指揮使他都敢打死，何況是小小一名太監？還是答應了吧！這下，官家糧倉全都開了，私人糧倉也在朝廷的鼓勵下打開了。王竑用非常手段救活了一百多萬名災民，當地民謠甚至稱頌道：

「生我者父母，救我者王竑。」

明朝就在于謙與王竑這樣的能臣治理下，進入了短暫的輝煌。

後世有人評價，明朝能從土木堡之變的重創中恢復過來，甚至在明英宗復辟後的天順年間出現「保泰持盈」的盛世，王竑功不可沒。

但天有不測風雲。

土木堡之變發生一年後，于謙和瓦剌談判，成功讓英宗獲釋；但明代宗接回英宗後，卻將英宗囚禁在南宮。後來趁著明代宗病重，英宗在大將石亨、左副都御史徐有貞、太監曹吉祥等人的擁戴下發動奪門之變，上演南宮復辟。于謙被殺，王竑的人生也迎來最冷的冬天。只是重新掌權的這些人查不到他貪汙腐敗、結黨營私的證據；除了性情剛烈、忠誠敢言之外，也沒什麼「缺點」。那麼該把他怎麼辦呢？總不能才剛奪回皇位、殺了于謙，又殺了王竑吧？這樣會讓朝臣的情緒陷於不安。

明英宗乾脆打發王竑到江夏做個小官。

王竑走了，北方邊防跟著鬆懈，繼瓦剌之後崛起的韃靼人經常前來騷擾邊境。明英宗寢食難安，在瓦剌俘虜營內的悲慘往事時刻浮現在他的眼前——被俘的噩夢該不會還要再來一次吧？

怎麼辦？

還是啓用王竑吧。

後來，明英宗過世，明憲宗朱見深登基，年號成化；升任王竑爲兵部尙書。王竑的政治生命迎來了第二次春天，他在新的職位上繼續整頓國防，嚴查軍隊腐敗的同時，也重視發掘與選拔人才。名將韓雍就是經王竑舉薦，被認命爲右僉都御史，率軍平定了藤峽盜亂。後來王竑因爲與內閣首輔不和，辭官回家。在動不動就被殺頭的明朝，王竑以七十五歲高齡終老在家，已經算是非常成功的了。

45

將西方科學引至中國門口的人——徐光啟

正月，寒風凜冽，寧遠（今遼寧省興城市）的城牆上，十一門葡萄牙大砲張開了黑洞洞的嘴巴。再過不了多久，這玩意就會讓城下的努爾哈赤懷疑人生。

「準備好了嗎？」在這之前，主帥袁崇煥一邊加固城池，一邊焦急地等待這些紅衣大砲（軍人常會在砲身蓋上求好運的紅布，故稱「紅衣大砲」）就緒，今天他要讓不可一世的後金軍隊嘗嘗「飛上天的感覺」。

「準備好了！」一名叫羅立的軍人答道，他是袁崇煥從福建招募來的專業砲手。

「開砲！」

一聲令下，地動山搖。

努爾哈赤摸著滿是汗的額頭，嘴巴張得老大，眼睜睜看著炮彈落在人群中，泥土翻上了天，散開了花。

舉著堅固盾牌、一向勇往直前的後金軍隊被炸得鬼哭狼嚎，努爾哈赤命令大軍趕緊撤退。

有人認爲努爾哈赤是被紅衣大砲擊斃的；也有歷史學家認爲努爾哈赤是在「滑鐵盧」（寧遠之戰）後積鬱而死的；還有人認爲他是在砲擊中負傷，不治身亡的。

總之，在努爾哈赤人生的最後一段時間，紅衣大砲變成了他的夢魘。

對明軍來說，寧遠之戰是一次意義非凡的勝利，大明舉國歡慶，袁崇煥一躍成爲全民偶像。

但在這場戰爭背後，有個關鍵人物被忽略了；事實上，沒有他，明朝就不可能有西洋大砲。

他是個怪人。雖然靠著八股文進入明朝官場，卻取了個洋名，還信了天主教，是個「非主流」文人。他拋開詩詞歌賦，專心研究農業、天文、數學幾何等學科，還把自己的心得寫成了書，成了這幾項領域的專家；面對外敵入侵，他又寫出軍事論文，獲得朝廷賞識，任命他擔任部隊的訓練總監，學霸搖身一變成了將軍。

他從來自西方的傳教士口中得知西洋大砲的威力，據說射程能達到十五里（約八・五公里），砲彈所擊之處，天崩地裂，是戰爭的「必殺工具」。

他聽到這件事後，立刻寫信在朝廷工部監理軍需的李之藻，要他盡快購買這種神奇的大砲。李之藻是他的好朋友，自然明白大砲的重要性。

朝廷迅速集資，從葡萄牙人手中重金購得四門西洋大砲。在親自見識到大砲的威力後，衆人嘖嘖稱讚：「好東西啊，有了它，看還有誰敢來打我們？」

李之藻卻嘆息：「好是好，就是太貴了；關鍵是有錢還買不到。」

怪人說：「這也不難辦，只要你奏請朝廷批准，我們自己來造！」

你會?!

不會可以慢慢摸索嘛！

這位非主流文人從西方傳教士那裡拿到西洋砲的製作圖紙，與李之藻一同率領團隊日夜鑽研，竟眞的造出一批大砲，也就是這些大砲協助袁崇煥擊敗了「常勝將軍」努爾哈赤。

這個怪人叫徐光啓，是一位超級學霸。

嘉靖四十一年（西元一五六二年），徐光啓出生在上海一個家道已然中落的商賈家庭，從小除了讀書，還得幹點農活。二十歲左右，他通過縣裡的考試，成了秀才，拿到了「科舉准考證」；然而參加了幾次鄉試，卻都沒考中。爲了養家餬口，他只能外出教書。在廣東韶州（今廣東省韶關市及周邊）教書時，他結識了來自義大利的傳教士郭居靜，也看到了中國以外的世界。

明清時期，大家普遍認為沒被八股文「蹂躪」過的文人都不是人才，徐光啓為了取得一官半職、讓生活好過點，也加入了被「蹂躪」的行列。三十五歲的他再次參加鄉試，沒想到這次考了第一名！他興致勃勃地乘勝追擊，參加了中央等級的會試，結果只得了七個字的評語：哪裡來，回哪裡去。

於是他又輾轉各地教書。在南京時，他認識了對自己影響很大的義大利傳教士利瑪竇——此人和郭居靜也是好朋友。兩人後來成了知己，徐光啓不但受洗成為天主教徒，還取了個洋名叫保祿。

四十二歲的徐光啓再次參加會試，這次終於考上了，後來在翰林院當個小官。當時明朝已是奄奄一息，朝政腐敗，貪官横行，他的才能無處施展。徐光啓索性調轉方向，從事科學研究，結果在這個領域大放異采。

有一次，他和利瑪竇閒聊，利瑪竇對他說，古代的希臘數學家歐幾里得有一本以拉丁文撰寫的數學著作，在歐洲影響深遠，可惜很難譯成漢語。徐光啓聽了，馬上答應和利瑪竇合力翻譯；好東西就該和大家分享嘛。

兩人分工合作，利瑪竇講述，徐光啓筆譯。這本《幾何原本》翻譯得很成功，像是「幾何」這個中文詞彙就來自於此書；書中還引入了點、線、直線、曲線、平行線、角、直角、銳角等數學概念。萬曆三十五年（西元一六〇七年），這本書在北京印刷發行。只可惜明清兩朝沒人重視幾何學，直到二十世紀初，「初等幾何」才成為學校的正式科目；而在學生的教材中，就有徐光啓翻譯的《幾何原本》。

後來徐光啓的父親在北京去世，他回鄉丁憂守制。丁憂期間，徐光啓寫了數學專著《測量法義》《測量異同》，順便還在老家開闢菜園，進行了一項影響後世的栽種實驗。

他從福建的朋友那裡得到一種產量很高的農作物——甘藷。這種植物原本只生長在熱帶，如果能在中國種植成功，經常遭遇飢荒的老百姓就有希望了。徐光啓日夜研究、嘗試，終於讓甘藷在中國的土地上成功結出了果實。徐光啓把種植心得編成小冊，發給周圍的鄉親，教大家種植。甘藷種植技術就這樣推廣開來，養活了一大批人。他還順便將研究成果寫成《甘藷疏》《蕪菁疏》《吉貝疏》《種棉花法》和《代園種竹圖說》等書籍，成了農業專家。

丁憂結束、回到中央後，欽天監（宮中主掌觀察天象、推算節氣、制定曆法的單位）推算日食不準，博學多才的徐光啓於是奉命研究天文學。在這段時間，他又撰寫了《簡平儀說．序》《平渾圖說》《日晷圖說》和《夜晷圖說》等作品，為後面編修

幾何魔王，
速速現身！

《崇禎曆書》打下了基礎。

後來因爲跟掌權的大臣在政見上不合，他一氣之下跑到天津去做官。當時的官場有嚴重的貪汙，軍糧供應困難，百姓生活更是艱苦。他重操舊業，經過認眞研究，利用地窖保溫技術，成功將甘藷引入寒冷的北方種植。他又結合這段時間的實踐，撰寫了《宜墾令》《農書草稿》《北耕錄》等書。

如果不是一場戰爭狠狠地衝擊了明朝，徐光啓應該會這樣在改善民生的道路上一直走下去。

萬曆四十七年（西元一六一九年），努爾哈赤在薩爾滸（今遼寧省撫順市大伙房水庫附近）大敗明朝幾十萬精銳部隊。

恥辱啊！強悍的大明王朝怎會如此不堪一擊？全國上下議論紛紛。

不同於那些只是喊喊口號，卻毫無作爲的「憤青」，徐光啓很早就開始看向世界了，他非常清楚訓練新兵與引進先進武器的重要性。

徐光啓用了三個月時間，針對薩爾滸之戰的前因後果進行全方位的了解與分析，寫了一系列奏章，提出選練新兵、引進武器的主張。

原本不問政事的皇帝被努爾哈赤打急了，連連讚嘆徐光啓熱心朝政，於是讓徐光啓總理練兵事務，主導明軍的軍事訓練。

徐光啓首先推廣戚繼光的練兵法。兵在精，不在多，要練就練「特種兵」。他逐一考核臨時湊起來的七千名士兵，從中選出一千九百人，分列為一等兵和二等兵；又選出兩千一百人做為後勤部隊，其餘三千多人則讓他們「光榮退伍」。接著，又到各地挑選體格和意志都達到要求的人編入隊伍。徐光啓不僅訓練士兵的體魄，也鍛錬他們的心志，帶出一支戰鬥力極強的隊伍。

有了兵，還得有砲，未來的戰爭打的是熱兵器戰。

他曾不斷上奏，希望朝廷能引進火砲製造技術。督練新兵時，他還特地從澳門聘請二十多名葡萄牙籍軍械師，負責教授新兵維護和使用火砲的技能，希望能訓練一批專業砲手。只可惜當時朝中腐敗不堪，國庫空虛，最終只能遣散這批外國軍械師；不過經由葡萄牙人訓練的「國產」砲手，仍在遼東的寧遠之戰中大顯神威。

徐光啓在練兵期間，撰寫了《選練百字訣》《選練條格》《火攻要略》《制火藥法》等書，讓人們開始注意到世界上還有大砲這種東西；而寧遠大捷則用實戰證明了徐光啓的眼光確實無誤。

遺憾的是，明朝連根都已經爛掉了，被殺被貶的良臣不可勝數，火器這種「奇技淫巧」也未能眞正受到重視。後來即使改朝換代，清朝因為怕百姓掌握火器技術來造反，也嚴格進行技術保密，火器的發展就此陷入停滯。清朝末年，當官兵被西洋的船堅砲利打到分不清東西南北時，不知是否有人想起百年前那位將軍的吶喊與嘗試。

步入晚年後，厭倦爭鬥的徐光啓心灰意冷，告病還鄉，一心投入農作物的試種與研究上。這些植物不僅能救命，還不會害人，多好！他將累積多年的農業知識進行了系統性審訂、批點、編排，集成流芳百世的《農政全書》。退休後，他還應崇禎皇帝的邀請，編修天文學上的重大成就——《崇禎曆書》。《農政全書》寫成時，他還來不及整理修訂就去世了，最後由他的學生陳子龍等人負責修訂，並於崇禎十二年（西元一六三九年），也就是徐光啓死後第六年，才印刷出版。

徐光啓救不了明朝，時代還是堅定地往前走了。但他那些立足高遠、惠及民生的努力，卻救了不知多少人，爲後人留下許多寶貴的財富。

Eurasian Publishing Group
圓神出版事業機構

究竟出版社
Athena Press

www.booklife.com.tw　reader@mail.eurasian.com.tw

歷史 082

和古代學霸擊個掌：
大叔也能成偶像，小混混也能成名將，學習就是最好的翻身術

作　　者／急腳大師
發 行 人／簡志忠
出 版 者／究竟出版社股份有限公司
地　　址／臺北市南京東路四段 50 號 6 樓之 1
電　　話／（02）2570-3939
傳　　真／（02）2570-3636
郵撥帳號／ 19423061 究竟出版社股份有限公司
副 社 長／陳秋月
副總編輯／賴良珠
責任編輯／林雅萩
美術編輯／林雅錚
行銷企畫／陳禹伶・朱智琳
印務統籌／劉鳳剛・高榮祥
監　　印／高榮祥
校　　對／林雅萩・賴良珠
排　　版／杜易蓉
經 銷 商／叩應股份有限公司
法律顧問／圓神出版事業機構法律顧問　蕭雄淋律師
印　　刷／祥峰印刷廠
2023 年 4 月　初版

本著作中文繁體版通過成都天鳶文化傳播有限公司代理，
由南方出版社有限公司授予究竟出版社股份有限公司獨家發行，
非經書面同意，不得以任何形式複製轉載。

定價 340 元　ISBN 978-986-137-401-7
版權所有・翻印必究
◎本書如有缺頁、破損、裝訂錯誤，請寄回本公司調換
Printed in Taiwan

眞正貫穿所有學習歷程的是「思考習慣」。
這些習慣可以前後呼應，相互爲用，
久而久之，就像滾雪球一樣，
你可以融合各種「思考習慣」，
搭配成你自己獨特的決策組合。

——李佳達 等，《全球人才搶著學！密涅瓦的思考習慣訓練》

◆ **很喜歡這本書，很想要分享**

圓神書活網線上提供團購優惠，
或洽讀者服務部 02-2579-6600。

◆ **美好生活的提案家，期待為你服務**

圓神書活網 www.Booklife.com.tw
非會員歡迎體驗優惠，會員獨享累計福利！

和古代學霸擊個掌：大叔也能成偶像，小混混也能成名將，學習就是最好的翻身術／急腳大師 著. -- 初版. -- 臺北市：究竟出版社，2023.4
288 面；14.8×20.8 公分 --（歷史；82）

ISBN 978-986-137-401-7（平裝）

1. CST：中國史　2. CST：歷史故事

610.9　　112001623